Sabine Kühn

Aura für Einsteiger

AURA
FÜR EINSTEIGER
SEHEN · LESEN · STÄRKEN

Sabine Kühn

////////////////////////// *SILBERSCHNUR* ✤ *VERLAG*

Hinweis

Weder der Verlag noch die Autorin übernehmen eine Haftung für eventuelle Nachteile oder auftretende Schäden durch die Übungen und Hinweise in diesem Buch. Alle Übungen und Hinweise sind nach bestem Wissen und Gewissen erarbeitet worden und ersetzen nicht die Behandlung oder Beratung bei einem Arzt, Therapeuten oder Heilpraktiker!

Alle Rechte vorbehalten.
Außer zum Zwecke kurzer Zitate für Buchrezensionen darf kein Teil dieses Buches ohne schriftliche Genehmigung durch den Verlag nachproduziert, als Daten gespeichert oder in irgendeiner Form oder durch irgendein anderes Medium verwendet bzw. in einer anderen Form der Bindung oder mit einem anderen Titelblatt als dem der Erstveröffentlichung in Umlauf gebracht werden. Auch Wiederverkäufern darf es nicht zu anderen Bedingungen als diesen weitergegeben werden.

© Copyright Verlag »Die Silberschnur« GmbH

ISBN: 978-3-89845-407-0

1. Auflage 2015

Gestaltung & Satz: XPresentation, Güllesheim
Umschlaggestaltung: XPresentation, Güllesheim; unter Verwendung eines Motivs von © Karuka und © silver tiger, www.shutterstock.com
Druck: Finidr, s.r.o. Cesky Tesin

Verlag »Die Silberschnur« GmbH · Steinstr. 1 · 56593 Güllesheim
www.silberschnur.de · E-Mail: info@silberschnur.de

*Es gibt ein Auge der Seele,
mit ihm allein kann man
die Wahrheit sehen.*

Platon

Inhalt

Einführung: Über mich und
wie alles begann ... 11

Grundlagen ... 25

Was bezeichnet man als Aura? ... 27

Kann jeder Mensch die Aura sehen
und lesen lernen? ... 32

Was bringt Ihnen das Aurasehen
und -lesen beziehungsweise das
emotionale Sehen? ... 35

Verantwortung im Umgang mit
dem Auralesen ... 38

Es ist nur ein Irrglaube, der Sie
am "Sehen" hindert ... 46

Die Blockade von Analytikern und
Kontrollfreaks ... 48

Reicht ein Wochenendseminar, um
die Fähigkeit zu erlernen? ... 51

Wozu dient die bewusste Beschäftigung
mit dem Auralesen beziehungsweise
dem emotionalen Sehen? 53

Was gilt es, beim Start zu berücksichtigen? 64

Sehfühlen und Gefühle – jeder hat
Zugang dazu 67

Die Kunst des Fokussierens 72

Welche Sinne spielen beim
Auralesen eine Rolle? 74

Mut und Vertrauen – trauen Sie sich! 77

Übungsteil 79

Energie fühlen – erste Übungen 81

Die Aura sehen mit offenen Augen 86

Warum wird der Schwerpunkt des
Buches auf die Farbwahrnehmung gelegt? 89

Optische Täuschungen und Illusionen 94

Übung Aurasehen:
Bringen Sie Farbe aufs Papier 96

Die mentale Schablonentechnik 99

Die Interpretation des Gesehenen	101
Die Aura zu sehen, ist nicht gleich Auralesen – lernen Sie zu interpretieren	103
Farbinterpretationen	111
Positionen der Farben	123
Erfahrungen mit Farbkombinationen	133
Exkurs: Die Chakren	137
Wenn die Aura Hilfe braucht – Schutz und Stärkung	165
Abschließende Worte: Üben, üben, üben	175
Farbteil	177
Literaturhinweise	185
Über die Autorin	187

Einführung: Über mich und wie alles begann

Ich behaupte von mir selbst, mit beiden Füßen fest auf dem Boden zu stehen. Jahrelang war ich im kaufmännischen sowie im Personalbereich tätig, und im Rückblick muss ich zugeben, dass ich *damals gerne über meine heutigen Fähigkeiten verfügt hätte*. Jeder Mensch, der das emotionale Sehen übt und anwendet, wird auch in seinem Berufsleben neue Perspektiven finden.

Emotionales Sehen ist für jeden Menschen eine Bereicherung. Es unterstützt Entscheidungen aller Art. Es stärkt das Selbstvertrauen und bringt Harmonie in zwischenmenschliche Konflikte – durch ein besseres Verständnis. Sie lernen durch die Übungen in diesem Buch, Auren zu lesen, und können die Übungen als Vorstufe nehmen, um später gezielt Auraarbeit vorzunehmen.

Aufgrund von gesundheitlichen Einschränkungen und der daraus resultierenden Angst vor weiteren Erkrankungen, aber auch dank meiner Neugier und Offenheit für Neues kam ich Anfang der 90er-Jahre zur Energiearbeit. Da ich dadurch wieder gesund wurde und sich mein allgemeines Wohlbefinden besserte, wurde ich neugierig. Es gab scheinbar noch mehr zwischen Himmel und Erde als das, was mein Verstand erfassen konnte. Ich war bereit, tiefer in das mir Unbekannte einzusteigen, und erlernte die bei mir angewandten Methoden. Dabei beschäftigten mich neben den erlernten Techniken wie Fußmassagen und Energieübertragung durch Handauflegen auch Fragen wie: Was soll mir die Krankheit sagen? Oder: Was bringt mich weiter? Was hilft mir? Was braucht mein Körper? Diese Fragen brachten mich mit der Radiästhesie in Berührung, was mich veranlasste, zahlreiche Bücher zur Pendelarbeit und zu deren umfangreichen Möglichkeiten als Hilfe zur Selbsthilfe zu schreiben.

Ruck, zuck befand ich mich mitten in der Welt der Esoterik. Vieles, was dort gelehrt wurde, verwunderte mich. Ich hatte den Eindruck, dass es zu viele Menschen gab, die die geistige Welt mehr zu lieben schienen als ihr Leben hier auf der Erde. Sie schienen unter Druck zu stehen, wollten scheinbar schnell weiter in geistige Sphären vordringen und beäugten skeptisch die, die damit nichts zu tun haben wollten. Oftmals vermisste ich bei ihnen so etwas wie absolute Freude und Leichtigkeit. Natürlich war auch ich neugierig, was es da so gab. Mein Bücherschrank füllte sich schneller, als ich alles lesen konnte. Manches fand ich stimmig, anderes nicht. Ich weiß, dass viele Menschen im spirituellen Bereich über herausragende Fähigkeiten verfügen, manchmal von Kindheit an, ohne es wieder zu verlernen, andere haben ihre Fertigkeiten durch Nahtoderfahrungen, Schicksalsschläge oder Meditation gewonnen. Mir fehlen diese Grundlagen leider, aber deswegen, so meine Überzeugung, musste mir die Welt der Medialität ja nicht verschlossen bleiben. Doch ich wollte Dinge tun, weil sie Freude machen, weil sie mich bereichern, weil sie mein Leben leichter machen – und nicht, um mich zu quälen und selbst zu kasteien, womit ich nicht meine, dass nicht ab und zu eine Portion Disziplin notwendig ist. Alles, was ich tue, versuche ich so alltagstauglich wie möglich und so einfach wie möglich zu gestalten – und ich möchte dabei die Bodenhaftung behalten. Nun, wir alle sind spirituelle Wesen, die eine menschliche Erfahrung machen. Wenn es Zeit dafür ist, werden wir unseren materiellen Körper verlassen. Bis dahin sollten wir dieses Gefährt jedoch so sinnvoll wie möglich mit all seinen Sinnen nutzen. In Facebook habe ich letztens den Satz gelesen: "Es gibt ein Leben vor dem Tod!" Ja – genau so ist es! Wir sollten so viel wie möglich tun, was uns Freude macht; mehr dazu schreibe ich in dem Kapitel "Wenn die Aura Hilfe braucht – Schutz und Stärkung". Wenn ich auf zu komplizierte spirituelle Praktiken stoße, stellt sich mir auch immer die Frage: "Warum?" Dieses Warum hat mir zu vielen Erkenntnissen und Eingebungen verholfen, die mir dann zeigten, dass alles Große einfach ist!

Mit der eigenen Entwicklung kamen immer wieder neue Aspekte der Energiearbeit, auch der Auraarbeit hinzu – und ich wollte die Aura sehen können. Etwa 2006 oder 2007 lernte ich jemanden kennen, der die Aura sehen konnte. Ich war begeistert und gleichzeitig entmutigt. Warum konnten manche Menschen Dinge wahrnehmen, die sich mir einfach nicht erschließen wollten? Die Aura zu fühlen, war für mich kein Problem. Aber die Aura sehen? Ich wusste auch nicht, wie sie aussehen sollte. Zwar kannte ich aus der Literatur schöne, gemalte Bilder, die die Auren von Menschen darstellten. Aber wie sollte ich sie sehen können? Es gibt mediale Menschen, die die Aura von Kindheit an sehen können. Nun, ich kann auch nach intensiven Recherchen in meiner Vergangenheit keine Verwandten finden, von denen ich irgendeine Begabung im spirituellen Bereich geerbt haben könnte. Oder zumindest ist niemandem etwas darüber bekannt. Was ich jedoch mit Sicherheit sagen kann, dass meine Eltern über eine sehr gute Menschenkenntnis und innere Stimme verfügen, sich mit der Natur sehr verbunden fühlen und sehr offen für die Naturheilkunde sind.

Im Zusammenhang mit dem Aurasehen und -lesen hörte ich immer wieder von verschiedenen Energiekörpern des Menschen und von zahlreichen Auraschichten. Der eine konnte sieben Schichten benennen, andere sprachen von zwölf und wiederum andere von mehr als siebzig abrufbaren Schichten. Mir persönlich hätte es schon gereicht, eine Schicht zu sehen ... Ich war bereit, meinem Schicksal ein Schnippchen zu schlagen, und investierte in ein

Aurasystem, man nennt es auch Aurakamera. Schnell wurde mir klar, dass so ein System, welches auch Biofeedbacksystem genannt wird, nur einen Teil von dem sichtbar macht, was unser eigentliches Energiesystem ausmacht. Daher haben alle recht, die behaupten, dass eine Aurakamera keine Aura sehen kann. Eine Kamera, die wirklich unsere Aura, unser Energiefeld widerspiegelt, gibt es nicht. Diese Systeme arbeiten über Handsensoren, die Wärmeströme und Hautwiderstände aufnehmen und diese darüber empfangenen Informationen optisch in Farbe umsetzen. Die gemessenen Resonanzpunkte stehen stellvertretend für den gesamten Organismus und geben Auskunft über die energetischen Qualitäten eines Menschen. Es ist aber eben nur ein Teil von dem, was unser Energiefeld über uns aufzeigt. Solch ein Foto zeigt keine Krankheiten an. Manche Menschen sind enttäuscht, wenn sie auf ihrem Foto keinen Hinweis auf ihre Rückenschmerzen oder andere Einschränkungen finden. Lediglich die Chakren können mögliche Blockaden diesbezüglich auf so einem Foto aufzeigen. Es zeigt vielmehr den geistig-seelischen Zustand und das Maß an Körperenergie an. Mir hat es dennoch gereicht. Ich war über alle Maßen glücklich darüber. Endlich hatte ich ein neues Spielzeug gefunden, das mich in die Welt der Aura einführte.

Abbildung 1 im Farbteil (Seite 177) zeigt ein Bild einer Aurakamera.

Das System, mit dem ich arbeite, solange es denn noch funktioniert, hat den Nachteil, dass nur Menschen mit einer ausgewachsenen Hand, die man flach auf die Sensoren auflegen kann, ein Aurafoto bekommen können. Die Sensoren erfordern eine Mindesthandgröße und machen es mir unmöglich, Aussagen über Kinder mit noch kleinen Händen zu treffen. Über die Jahre mit vielen Beratungen kam es auch vor, dass das System versagte. Da ging einmal der Handsensor kaputt, einmal hing der Drucker, einmal bootete der Laptop nicht durch. Es war wie ein Albtraum für mich, besonders dann, wenn ich extra eine Messe gebucht oder ein Veranstalter einen Beratungstag für mich organisiert hatte. Eines Tages kam eine Schamanin auf mich zu und sagte, ich solle das Ding wegtun, ich könne das auch so. Schon bei dem Gedanken wurde mir schlecht. Es waren zwar schmeichelhafte Worte, aber mein Magen begann sich zu drehen. Nein, über so viel Hellsichtigkeit verfügte ich nicht, und ich würde es mich auch nie trauen. Ich sprach meinem Aurasystem gut zu und bat es, mir noch lange erhalten zu bleiben. Aber dann lernte ich noch etwas! Und das hieß: "Sabine, sag niemals NIE." Denn immer wenn ich "nie" sagte, hielt genau das Einzug in mein Leben, was ich gerade verneint hatte.

Einige Zeit unterstützte ich einen Kollegen bei seinen Auraseminaren, und innerlich war ich kurz davor aufzugeben – ich würde das wohl nie können. Doch auf einmal tat sich etwas. Ich meinte, Dinge zu sehen. Plötzlich! Oder war es Einbildung? Es war anders, als ich gedacht hatte, dass es sein müsste – und so konnte ich plötzlich nachvollziehen, wo die Probleme der Schüler lagen. Ich kreierte die Übungen des Seminares teilweise um und wuchs mit meinen eigens kreierten Übungen mit den Schülern und Seminaren mit. Als wir an den Punkt kamen, an dem sich unsere Wege wieder trennten, hatte ich bereits viele Erfahrungen gemacht, wie ich die Aura wahrnehmen konnte. Ich hatte und habe zwar noch nicht die Fähigkeit, mehrere Schichten zu benennen, aber ich sah einmal Farben, einmal

Formen, einmal Tiere oder sogar Pflanzen in der Aura. Das war wiederum etwas, das mir niemand beigebracht hatte. Es war einfach da. Manches fiel mir leichter, anderes sehe ich sehr selten. Ich konzentrierte mich schließlich auf die Farben, da ich durch die Arbeit mit meiner Aurakamera dazu den leichtesten Zugang hatte.

Ich erkannte, dass sich die Schichten, von denen viele sprechen und die ich vergeblich versuchte, alle auf einmal wahrzunehmen, wie Schablonen über die Menschen legen lassen und dass es mit meiner inneren Haltung, meiner Tagesverfassung und meinem derzeitigen Wissen zusammenhängt, was sich mir zeigt. Dinge, die mich nicht so interessieren und die ich nicht kenne, sehe ich nicht. Zumindest bisher nicht. Ich trainiere das, was mir für meine derzeitige Arbeit sinnvoll erscheint und mich unterstützt, das schützt mich auch davor, mich unter Druck zu setzen. Ich vertrete die Auffassung, dass bei allen Wahrnehmungsübungen der Phantasie keine Grenzen gesetzt sind.

Obwohl ich die Aura noch immer nicht zu jeder Zeit gleichermaßen "sehen" bzw. erfassen kann, kann ich im Rückblick sagen, dass ich in den Sitzungen durch innere Bilder und Gefühle für meine Klienten meist ein Gesamtgefühl bekomme. Manchmal unterstütze ich das Gefühl oder innere Sehen mithilfe der Radiästhesie (Wahrnehmung von Strahlung), das heißt mit einem Tensor oder Pendel. Mit ihrer Hilfe kann ich noch schnell die Blockaden benennen - aber auch, um was es bei der Person in der Entwicklung gerade geht.

Bei mir ist es abhängig von der Tagesverfassung. Habe ich Stress und bin ich in Eile, tue ich mir schwerer als in entspannten Zeiten. Dann aber sehe ich einen Menschen oft nur ganz kurz, und mir schießt ein Gedanke zu ihm durch den Kopf, der sich in den nächsten Monaten oder maximal sieben Jahren meist bewahrheitet. Ich nenne das "Sehfühlen", denn es sind oft Personen, die ich nicht näher kenne, zu denen ich also keine Vorinformationen habe. Oft habe ich nicht einmal bewusst irgendwelche Energiefelder oder Farben um die Person wahrgenommen. Es sind eigene innere Blockaden beziehungsweise der derzeitige Bewusstseinszustand, die mich oder die Schüler davon abhalten, bestimmte Dinge zu sehen. Einem Arzt oder Heilpraktiker wird es leichtfallen, Krankheiten in der Aura zu sehen. Ich habe das nicht weiter trainiert, weil ich sowieso keine Diagnosen stellen oder Gesundheitsaussagen treffen darf; daher verzichte ich hier auch auf Fallbeispiele. Ich kann nur über etwas schreiben, das meiner Arbeitsweise und meinen Erfahrungen entspricht. Die Herausforderung generell besteht immer darin, den inneren Impulsen in sich zu vertrauen. So frage ich mich auch heute noch ab und zu: "Kann das wirklich sein? Oder bilde ich mir das nur ein?"

Die nächste große Herausforderung bestand für mich darin, einmal alleine ein Aurabuch zu schreiben, ohne dass sich mir bislang alle Facetten der Aura erschlossen hätten. Meine anfänglichen Zweifel wurden bestärkt, als ich einen Bericht von jemandem las, der sich die Aura hatte lesen lassen und dem man sogar sagen konnte, dass er kürzlich beim Arzt war und in Kürze wieder hingehen würde. Sogar Konflikte des Klienten mit Kollegen konnte man benennen. Darüber hinaus gibt es Aurasichtige, die sehen, ob jemand kurz vor dem physischen Tod steht, und sie können über Krankheiten exakte Angaben machen. Hier habe ich allerdings auch schon erlebt, dass man sich geirrt hat. Gott sei Dank wurde das den Personen gegenüber nicht ausgesprochen, die Folgen wären sicher fatal gewesen. Ich fragte mich aber erneut, ob man ein Aurabuch nur schreiben sollte, wenn man jederzeit alle Informationen zu einer Person abrufen kann? Wenn man eine vermeintliche "High-End-Stufe" erreicht hat ... Ich entschied mich weiterzuschreiben, denn mein Buch richtet sich an Anfänger, und ich habe den großen Vorteil, dass ich um die ganzen Schwierigkeiten und Zweifel weiß. Ich habe sie selbst durchlebt. Ich habe lange gebraucht!

Wenn die Messlatte für Anfänger zu hoch ist, überfordern sie sich. Der innerliche Druck verhindert das Auralesen mehr, als dass er ihm dienlich ist. Selbst im Seminar fragen die Schüler dann lieber den Lehrer, was er sieht. Sie wollen ständig eine Bestätigung und eine Absicherung im Außen haben. Ich verstehe das ja. Sie glauben, dass das Wahrgenommene nur dann richtig ist, wenn ein anderer das Gleiche sieht. Je nach Bewusstseinszustand kann es aber sein, dass jeder etwas anderes sieht – und es kann trotzdem alles richtig sein. Sie sollten alleine laufen lernen, denn nur so werden Sie nach dem Durcharbeiten des Buches oder nach einem Seminar auch wirklich weiterüben.

Auf die eigene innere Stimme zu hören und sich Übungsmöglichkeiten zu suchen, die zu verantworten sind, ist so wichtig, und ich glaube, dass ich genau das vermitteln kann, weil es mein Weg war. Ich habe also weiter an dem Buch geschrieben. Ich weiß um die Ängste und Blockaden und wie oft man sich die Frage stellt, ob es Einbildung ist oder ob es wirklich eine Bedeutung hat. Ich habe gelernt, mit dem zufrieden zu sein, was sich zeigt. Immer wieder begegnen mir Menschen, die so denken wie ich und nun Hoffnung haben, doch Zugang zu diesen Fähigkeiten zu erlangen.

Einige Lehrer sind der Auffassung, dass man unbedingt einen Mentor braucht, um so etwas zu lernen. Sie vertreten die Annahme, dass man auf jeden Fall alle Facetten der Aura kennen und verstehen muss, bevor man selbst damit arbeitet, geschweige denn ein Buch darüber schreibt oder unterrichtet. Ich kann nur sagen, es gibt viele verschiedene Ansichten und Wege. Jeder muss seinen finden. Vieles, was mir früher beigebracht wurde, stelle ich heute infrage. Durch Selbsterkenntnis, durch Erfahrung. Wichtiger ist es für mich, dass man versteht, mit dem Gesehenen umzugehen und es angemessen zu vermitteln.

Heute, nach etwa sieben Jahren Übung, bin ich an vielen Tagen in der Lage, meine Aura um meinen Kopf herum bei mir selbst farbig zu sehen, mit offenen Augen. Es war ein langes Training. Bei anderen Personen fiel es mir sehr viel leichter als bei mir selbst. Zu Beginn sehe ich meinen Körper immer erst einmal dampfen. Am Anfang dachte ich, ich bilde mir auch das nur ein. Aber es sieht für mich aus, als würde Wasserdampf aufsteigen. Mit offenen Augen sehe ich diesen Dampf. Konzentriere ich mich länger, am besten vor einer weißen Wand, sehe ich helle, ineinander verflochtene Farbbränder um meinen Kopf herum. Diesen "Dampf" sehe ich im entspannten Zustand auch hier und da mal um Gegenstände herum. Vielleicht schreibe ich in ein paar Jahren ein weiteres Buch und weiß noch mehr darüber zu berichten. Aber ich denke, dass Sie mit den Anleitungen und Hinweisen in diesem Buch Ihren Fähigkeiten entsprechend auch zum Ziel kommen und dass sich die Investition von Zeit und Geduld bei Ihnen genauso lohnen wird wie bei mir.

Grundlagen

Was bezeichnet man als Aura?

Als Aura wird das Energiefeld beschrieben, das jedes Lebewesen umgibt. Heute wissen wir aufgrund von Prinzipien aus der Quantenphysik, dass es im Grunde keine feste Materie gibt und alles aus kleinsten Teilchen besteht, die sich ständig in Schwingung befinden. Einstein bewies, dass alle Materie Energie ist. Somit hat jeder Gegenstand eine Schwingung, eine Ausstrahlung. Von Auren reden wir dagegen eher nur im Zusammenhang mit Menschen, Tieren und Pflanzen. Religiöse und spirituelle Lehrer lehren uns seit Jahrhunderten, dass wir Wesen aus Lichtenergie sind. So beschreiben Menschen die Aura als eine Art lodernde Flamme um Wesen herum. Ich sehe sie eher als ein waberndes, dampfendes Energiefeld, in dem manches eher fix und anderes sehr kurz erscheint.

Die Aura interagiert mit unserer Umwelt. Sie strahlt, wenn wir uns wohlfühlen, und sie strahlt entsprechend weniger, wenn wir uns nicht wohlfühlen. Dann büßt sie an Ausdehnung und Farbintensität ein. Wenn wir uns wohlfühlen, wenn wir offen sind für das, was uns umgibt, dehnt sie sich aus. Wir sind dann – unbewusst – bereit, die Welt an unserem Glück teilhaben zu lassen. Geht es uns schlecht oder haben wir Angst, zieht sich die Aura zusammen. Wir wollen dann niemanden in unserem Energiefeld haben, wir haben im wahrsten Sinne des Wortes nichts abzugeben, auch keine Energie aus unserer Aura.

Die Aura wird – und hier greife ich auf Erlerntes aus vorhandener Literatur am Markt zurück – von Aurasichtigen in Auraschichten und Energiekörper unterteilt. Hier sind in der Literatur immer wieder widersprüchliche Aussagen zu finden. Vielleicht sind Ihnen bereits Begriffe wie Ätherkörper, Astralkörper, Mentalkörper und Emotionalkörper begegnet, andere wiederum – und dazu zähle auch ich – bezeichnen einzelne Ebenen, die sie auslesen können, als Auraschichten. Sie scheinen sich gegenseitig zu durchdringen und sind nicht klar voneinander abzugrenzen. Wenn ich etwas in der Aura sehen will, lege ich gedanklich eine Art Schablone über das Energiefeld und bezeichne das, was ich dann sehe, als Auraschicht. Diese Technik beschreibe ich später noch genauer.

Den Energiekörpern ordne ich den Äther-, Emotional-, Astral- und Mentalkörper zu.

Als ich vorhin schrieb, dass ich es manchmal um den Körper herum dampfen sehe – das bezeichne ich als den Ätherkörper. Er gleicht etwas dem physischen Körper, er liegt wie eine Schutzschicht über diesem. Sind in ihm Blockaden zu sehen, kann es sein, dass diese auf den physischen Körper übergehen oder schon übergegangen sind. Er gibt durch Form, Farbe und Dichte Auskunft über unsere Vitalität. Wer Techniken wie das Handauflegen praktiziert, hat sicher schon erlebt, dass sich an manchen Stellen die Energie löchrig oder gestaut anfühlt. Das ist meines Erachtens nach der Ätherkörper, den wir dann wahrnehmen.

Auf der Suche nach der Sichtbarkeit der anderen Körper war ich lange auf dem Holzweg. Ich konnte nichts beschreiben, was ich nicht sehen konnte. Dass ich mich beim Auralesen automatisch in diesen Körpern bewegte, war mir nicht klar. Aufgrund meiner Erfahrungen mit der Aurafotografie beschreibe ich den Emotionalkörper als den Körper, der unsere Gefühlswelt steuert und zeigt, wie wir instinktiv aufgrund unserer Gefühle - bewusst oder unbewusst - reagieren.

Der Mentalkörper steuert unser Denken. Positives Denken und die Arbeit mit inneren Bildern, also auch die Hypnose, steuern diesen Energiekörper an, aber natürlich auch negative Erinnerungen. Jeder Mensch kennt das aus dem Alltag. Wenn Sie an einen Ort kommen, an dem Sie eine für Sie unangenehme Erfahrung gemacht haben, holt das alte Erinnerungen - also innere Bilder - in Ihnen hoch. Natürlich wissen Sie selbst, dass diese inneren Bilder auch immer mit Gefühlen in Zusammenhang stehen, und immer findet eine Interaktion zwischen dem Emotional- und dem Mentalkörper statt. Vielleicht ist das auch der Grund, warum man sagt, dass sie sich gegenseitig durchdringen.

Astralreisende berichten, dass sie den Astralkörper als Fahrzeug der Seele sehen. Sie können mit ihrer Seele, unabhängig von Raum und Zeit, reisen. Wenn man die Annahme teilen kann, dass wir nicht nur physische Wesen, sondern auch energetische Wesen sind, lässt sich nachvollziehen, dass wir ein Feld von Informationen und Energie sind, das über die physischen Grenzen unseres Körpers hinausgeht. Jedoch beeinflussen sich der physische Körper und die Energiekörper wechselseitig.

Kann jeder Mensch die Aura sehen und lesen lernen?

Die Antwort lautet: JA! Doch kommen wir zurück zu den Problematiken der Wahrnehmung. Was ich einst als Problem sah, sehe ich heute eher als Vorteil. Dadurch, dass ich nicht von Kindheit an aurasichtig bin, auch nicht an jedem Tag gleichermaßen und auch nicht bei jeder Person, dadurch, dass ich keine Nahtoderfahrung hatte oder mich tagelanger, intensiver Mediationen unterzogen habe und es trotzdem voranging, kann ich Ihnen Mut machen und Übungen vermitteln, die bei mir funktionieren. Ich bin also im Grunde ein Härtefall, was das Training angeht, und weiß, wie lange es dauern kann und wie man das Aurasehen gut üben kann, auch wenn keine bekannte Veranlagung da zu sein scheint. Lernen Sie es auf Ihre Weise! Machen Sie es zu Ihrer individuellen Begabung! Verabschieden Sie sich von dem möglichen Gedanken, dass

Sie die Aura mit dem physischen Auge sehen müssen. Die Wahrnehmung erfolgt über das innere Sehen, über das Dritte Auge!

> Ich habe keine besondere Begabung,
> sondern bin nur leidenschaftlich neugierig.
>
> *Albert Einstein*

Die Abbildungen 2 bis 4 im Farbteil (ab Seite 178) zeigen eine kleine Auswahl an Bildern, die mir Schüler am zweiten Seminartag erstellt und in Dateiform zur Veröffentlichung überlassen haben.

Diese Bilder zeigen sehr schön und sehr deutlich, wie unterschiedlich die Wahrnehmung von Energie sein kann. Sie sehen aus wie von Kindern gemalte Bilder und enthalten dennoch sehr wertvolle Informationen zu den Personen, um die es ging. So etwas stellt sich jedoch immer erst bei der Interpretation heraus. Das Sehen war also kein Problem für die Schüler. Viel mehr Zeit und Kreativität haben sie bei der Interpretation, also dem eigentlichen Lesen benötigt. Daher widmet das

Buch sich stark Themen, die Sie bei der Interpretation unterstützen können, wie beispielsweise der Traumarbeit oder den Chakren, wenngleich diese im Grunde nichts mit der Aura zu tun haben.

Was bringt Ihnen das Aurasehen und -lesen beziehungsweise das emotionale Sehen?

Jeder Mensch, jeder Ort, jeder Gegenstand hat eine ganz individuelle Ausstrahlung. Wir befassen uns meistens jedoch nicht mit dieser feinen Ausstrahlung beziehungsweise Energie, obwohl wir doch oft ein Gespür dazu haben.

Der mittlerweile leider verstobene japanische Parawissenschaftler Dr. Masaru Emoto hat mit seiner Erfindung der Wasserkristall-Fotografie nachgewiesen, was fühlige Menschen schon lange spürten. Wasser kann Informationen aufnehmen, und selbst Gedanken übertragen sich auf Wasser und verändern es. Je nachdem, welche Affirmationen oder Worte auf das Wasser übertragen wurden, gab es wunderschöne gleichmäßige Wasserkristalle oder eher unschön anzusehende.

Übertragen wir das auf unseren Körper, der zu 70 bis 80 Prozent aus Wasser besteht, kann man die Auffassung teilen, dass Gedanken unser Energiesystem und unsere Ausstrahlung beeinflussen. Ändern wir unser Denken, ändert sich unser Energiesystem. Aber auch unsere unbewussten Gedanken spiegeln sich somit in unserer Ausstrahlung.

Wir haben etwa 50.000 bis 80.000 Gedanken am Tag. Gedanken, die wir aufgrund von Glaubensmustern haben, nimmt unser Verstand als wahr an und sucht danach. Forschungen haben ergeben, dass wir etwa 200-mal am Tag negativ über uns denken. Nehmen wir hier Bezug auf unsere Ausstrahlung, wird klar, dass wir in der Aura das Potenzial erkennen können. Oft glaubt jemand, etwas nicht zu können, weil er es sich nicht zutraut. Anhand der Aura sehen wir jedoch, dass es nur seine Gedanken sind, die ihn davon abhalten, freier und gelöster Dinge einfach auszuprobieren und sich zu trauen. So wird eine Auralesung oft nur bestätigen, was wir schon lange wissen, uns aber nicht trauen umzusetzen, weil unbewusste Glaubenssätze das verhindern. Wird ein Potenzial angesprochen, kann das aber auch erstaunte Gesichter hervorbringen, da Betroffene sich gar nicht mehr vorstellen können, auf diese Anteile von sich zuzugreifen.

Vielleicht haben Sie aber auch schon erlebt, dass Menschen Ihnen etwas sagen, aber dass Sie den Impuls spüren, dass sie nicht ehrlich waren oder ihre Körperhaltung scheint etwas anderes auszudrücken als die gesprochenen Worte. Man sagt, dass nur etwa 15 bis 30 Prozent unserer Kommunikation verbal sind. Das bedeutet, dass unter Umständen mehr als 70 Prozent der Kommunikation nonverbal und unbewusst ablaufen. Mithilfe des Auralesens können Sie anfangen, Teile der 70 Prozent für sich sichtbar zu machen. Sie fangen an, Ihre Wahrnehmungsmöglichkeiten weiter auszuschöpfen, was Ihnen in vielen Lebenssituationen behilflich sein kann.

Verantwortung im Umgang mit dem Auralesen

Ich bin heute der Meinung, dass man mit Respekt und Achtung gegenüber dem, was sich zeigt, und dem angemessenen Umgang mit den Informationen nicht viel falsch machen kann. Es ist immer vom Charakter einer Person abhängig, wie sie mit dem Gesehenen umgeht, sich absichert und es anwendet. Alles kann zum Wachstum, aber auch zur Zerstörung eingesetzt werden. Und es mag jemand noch so gut ausgebildet sein und so unglaublich viel Wissen und Wahrnehmungsvermögen haben, wenn er es manipulativ oder nachlässig anwendet, kann es böse Folgen haben.

An einem Wochenende im November 2014 war ich auf einer Messe, und an unserem Stand gab es eine Diskussion über Urkunden und Nachweise zu spirituellen Ausbildungen. So hatte ein Mitbewerber, ohne dass er einen fachkundlichen

Nachweis über seine Ausbildung erbringen konnte, eine Dienstleistung angeboten. Eine Dame regte sich auf und fand das unseriös. Ich habe dazu eine andere Einstellung. Ich habe gelernt, dass es Menschen gibt, die gut mit Menschen umgehen und sie führen können, ohne jemals Fachseminare dazu besucht zu haben. Andere wiederum haben schon viel Geld für Ausbildungen ausgegeben, können das Erlernte aber einfach nicht angemessen umsetzen. In allen Fachbereichen – mit oder ohne Urkunde – gibt es Menschen, die begabt sind, und andere, die es weniger gut können. Menschen mit überzogenem Selbstwertgefühl können schnell zur Gefahr werden, da sie ihre Fähigkeiten überschätzen. Sich selbst realistisch einzuschätzen, ist die Herausforderung. Nicht jeder von uns kann seine Grenzen realistisch einschätzen, sollte sich selbst aber gut beobachten, und es schadet auch nichts, sich immer mal wieder selbst infrage zu stellen. Dazu gehört auch, keine Angst davor zu haben, Kunden weiterzureichen und zu sagen, dass das gerade die eigene Kompetenz überschreitet. Viele klammern sich an ihre Kunden und haben Angst, sie zu verlieren, und überschätzen sich in dem, was sie tun.

Wenn jemand im spirituellen Bereich aufgrund von Erfahrungen und Erkenntnissen unterrichtet, kann dies ein großer Segen sein. Eine Urkunde in diesem Bereich sagt nichts darüber aus, wie derjenige zur heutigen Zeit sein Wissen anwendet, vor allem nicht, unter welchen ethischen Gesichtspunkten. Jeder Mensch hat die Verantwortung für sich selbst. Gehe ich heute in ein Krankenhaus und es unterläuft dem Ärzteteam ein Fehler, muss ich im Anschluss damit leben, auch wenn man davon ausgehen kann, dass die Ärzte gut ausgebildet wurden. Ich muss für eine Operation die Verantwortung aus meinen Händen geben, und trotzdem trage ich sie für die möglichen Folgen. Im spirituellen Bereich oder im Umgang mit Gefühlen und Emotionen ist Heilung möglich. Aber ich komme hier zurück auf die Verantwortung, die wir für das haben, was wir sagen. Ich kann damit nicht die Verantwortung dafür übernehmen, was der andere versteht! So kann jemand etwas bei dem anderen in der Aura sehen und es so unglücklich herüberbringen, dass derjenige in Angst und Schrecken versetzt wird. So sagte einmal eine spirituelle Lehrerin zu einer Schülerin, dass sie niemals eine bestimmte Prüfung, die diese anstrebte, schaffen würde. Wenn derjenige nicht mit einem gesunden Selbstvertrauen ausgestattet ist, führt das zwangsweise dazu, dass sich seine Gedanken permanent darum drehen, dass er die Prüfung nicht schafft. Er wird sich unter Druck setzen (so war es in diesem Fall) und unter Umständen auch krank werden. Vielmehr wäre es doch angebracht, wenn man so etwas in der Aura meint zu sehen, den anderen zu fragen, warum ihm die Prüfung so wichtig ist. Was er tun wird, falls das Ziel nicht erreicht wird? Man könnte ihm auch Mut machen, dass er mit Menschen zusammenarbeiten wird, und nicht auf die Prüfung eingehen.

Ich selbst hatte vor einigen Jahren eine Frau bei mir, die unbedingt schwanger werden wollte. Ohne ein konkretes Bild zu haben, war sofort der Impuls da, dass es nichts wird. Ich bin auf die Situation nicht weiter eingegangen, trotzdem sah ich sie mit vielen Kindern. Heute ist es in der Tat so, dass sie keine Kinder bekommen hat, trotz aller schulmedizinischer und naturheilkundlicher Unterstützung. Sie arbeitet aber mit Kindern, was damals noch nicht der Fall war. Es mag verschiedene Ansichten darüber geben, wie man mit solchen Situationen umgeht. So mögen die einen sagen, da muss der andere durch, man muss ihm die Wahrheit sagen. Was aber, wenn Sie sich irren? Wenn Sie etwas falsch interpretieren? Wir alle wissen um die Kraft der Gedanken. Es gibt so viel Literatur über Gehirnforschung, das Resonanzgesetz und Bücher zur Wunscherfüllung. Wir wissen, dass Gedanken erschaffen, auch die unbewussten. Worte können unglaublich mächtig sein und Menschen in Depressionen führen, wenn diese die Veranlagung dazu haben. Von Kindheit an Aurasichtige haben jahrelange Erfahrung, wir Neulinge nicht! Also seien Sie achtsam!

Ich selbst sehe meine Aufgabe darin, Menschen zu motivieren, ihnen ihre Möglichkeiten und Wege aufzuzeigen, nicht aber darin, etwas auszureden oder Angst zu machen. Angst schwächt unser Energiefeld. Angst macht uns angreifbar und manipulierbar. Wenn meine Kunden sagen, dass es ihnen nach einem Gespräch oder einer Beratung mit mir besser geht, dann habe ich mein Ziel erreicht. Meist führt eine Auraberatung dahin, dass wir im Dialog miteinander aufgrund von Farben oder Symbolen, die sich zeigen, auf alte Verletzungen kommen. Meine Begabung besteht nicht darin zu sehen, woher es kommt. Aufgrund der Farben kann man jedoch das Gebiet gut eingrenzen, und im Gespräch miteinander kommt man meist zur Ursache. So kann eine Erstberatung auch schon mal ein paar Stunden dauern, aber in der Regel kommen die Klienten nach längerer Zeit wieder und haben viel Besserung erlebt, weil sie motiviert waren, etwas zu ändern, Dinge anders zu betrachten und damit mehr positive Aspekte in ihrem Leben wahrzunehmen. Damit ändert sich auch ihre Aura, also ihre Ausstrahlung. Manchmal hilft Auraheilarbeit auch dabei, Prozesse anzustoßen und etwas zu verändern. Nicht immer ist alles mit einem Fingerschnippen weg, jedoch verschwindet es, wenn die Lernaufgabe dahinter verstanden und akzeptiert wurde.

Eingangs des Buches habe ich schon erwähnt, dass ich mich nicht mit der Aura als Diagnoseinstrument für Krankheiten beschäftige. Ich möchte für diesen Part einfach keine Verantwortung übernehmen, da ich nicht über eine entsprechende Grundlagenausbildung verfüge, die mich dazu legitimiert. Achten Sie bitte auch sorgsam auf Ihre Äußerungen, sofern sich diese Fähigkeit zu sehen bei Ihnen zeigen sollte.

Das Aurasehen und -lesen ist für jeden Menschen eine Bereicherung. Es kann Entscheidungen aller Art unterstützen, das Selbstvertrauen stärken und Harmonie in zwischenmenschliche Konflikte bringen durch ein besseres Verständnis füreinander. Jedoch sollte es niemals zur Manipulation anderer eingesetzt werden. Ich habe erlebt, dass Aurasichtige Schwächen und Wünsche, die sie aus Auren gelesen haben, zum eigenen Vorteil genutzt haben. Auch wenn meiner Auffassung nach alles im Leben zu einem zurückkommt, ist es nicht erstrebenswert und es bedarf der Fähigkeit, sich selbst beobachten und realistisch einschätzen zu können, wie man mit Informationen umgeht. Informationen über einen Menschen zu bekommen, ist nicht schwer. Viel schwerer ist es, angemessen damit umzugehen – und dabei kann "angemessen" in vielerlei Hinsicht interpretiert werden. Fragen Sie sich selbst:

- Will ich die Aura lesen, um andere nach meinen Wünschen zu formen?

- Will ich die Aura lesen, weil mir Menschen Angst machen und es mir ein Gefühl von Sicherheit vermitteln würde?

- Will ich die Aura lesen, um mich zu brüsten mit dem, was ich kann?
- Will ich die Aura lesen, um Menschen oder Situationen zu manipulieren?

Oder:
- Will ich die Aura lesen, um Menschen in ihrer Heilung zu unterstützen?
- Will ich die Aura lesen, um Menschen ihre Potenziale aufzuzeigen?

Wer mit dem Sprichwort
»Was du nicht willst, das man dir tu',
das füg auch keinem andern zu«
arbeitet, kann nicht viel falsch machen.

Es ist nur ein Irrglaube, der Sie am »Sehen« hindert

Als größter Fallstrick oder als größte Herausforderung zeigt sich im Training des Aurasehens, den Teilnehmern zu erklären, wie das "Sehen" aussieht. Die meisten blockieren sich alleine dadurch, dass sie mit aller Gewalt leuchtende, intensive Bilder und Aurafarben sehen möchten. Am besten mit offenen Augen. Sie glauben, dass sie alles, was sie bisher mit ihren Sinnen wahrgenommen haben, sehen können – plus die Schwingungen und Farben. Alles soll gleichzeitig sichtbar sein. Das hat bisher selten funktioniert, wenn jemand neu mit den Wahrnehmungsübungen anfängt. Daher hat es sich bewährt, die Augen bei den ersten Übungen, die dann später im Buch folgen, auch mal zu schließen. Es geht darum, die feinstofflichen Sinne zu schulen und den Fokus von den grobstofflichen Dingen wegzunehmen, um differenzieren zu lernen. Sie schaffen es so leichter, die subtilen Dinge wahrzunehmen, die sich Ihnen bisher nicht erschlossen haben.

Wenn Menschen lernen möchten, die Aura zu sehen, versteifen sie sich zu sehr darauf, dass sie ein visuelles Bild sehen möchten. Sie wollen es herbeizwingen. Nehmen Sie Abstand von einem visuellen Bild! Das macht es leichter für Sie! Es kann möglicherweise schon ein Bild kommen, aber man versteift sich nicht unter allen Umständen darauf. Man hält vielmehr nach einem Eindruck Ausschau, nach einem Gefühl, nach einer Emotion. Es kommt viel öfter ein innerer Impuls, der einen verstehen lässt. Es kann allerdings in der Tat auch ein flüchtiges inneres Bild erscheinen. Meist sind diese Impulse in den ersten Sekunden da. Wenn Sie aber erst einmal anfangen darüber nachzudenken, macht Ihnen Ihr Verstand bei der Wahrnehmung einen Strich durch die Rechnung.

Die Blockade von Analytikern und Kontrollfreaks

Die vielen Seminare und Beratungen haben mir gezeigt, dass es sehr viele Menschen gibt, die nur das glauben, was (hier gilt das Und-oder-Prinzip)

- sie mit ihrem physischen Auge sehen können,
- was wissenschaftlich belegt ist,
- was sie anfassen können,
- was sie mit dem Verstand erfassen können.

Sie haben Probleme, die subtilen Dinge zwischen Himmel und Erde zu erfassen. Es fällt ihnen schwer, so etwas wie emotionale Empathie oder emotionales Sehen zu lernen.

Wer zu kopfgesteuert ist und wer wenig Zugang zu seinen eigenen Gefühlen und Emotionen hat, findet weder in einem Auraseminar noch in energetischem Arbeiten seine Erfüllung. Er wird sogar Probleme haben, mit einem Aurasystem zu arbeiten, da man oft zwei ähnliche Fotos von zwei Personen unterschiedlich interpretiert. Für diese Menschen sind die Fühlübungen ein wichtiger Übungsschritt, um darauf aufzubauen.

Wer Angst hat, die Kontrolle zu verlieren, wer alles bis ins Detail analysiert, hat irgendwann in seiner Kindheit die Erfahrung gemacht oder aufgrund der Umstände glauben gelernt, dass er sich nicht auf seine Gefühle verlassen kann. Er macht sich sein analytisches Verständnis zunutze und versucht krampfhaft – wenn auch meist unbewusst –, die Kontrolle zu behalten. Aus meinen vielen Beratungsgesprächen heraus kann ich nur sagen, dass auch diese Menschen irgendwann gezeigt bekommen, wie wenig sie etwas kontrollieren können. Sie erfahren, wie leicht etwas außer Kontrolle geraten kann, und werden aus scheinbar heiterem Himmel damit konfrontiert, auf ihre Gefühle achten zu müssen. Ich greife den Farbinterpretationen, die später folgen, hier einmal vor. Diese Menschen haben meist viele gelbe Anteile in ihrem Energiefeld, in ihrer Aura. Sie sind ideenreich, haben hohe Erwartungshaltungen an sich und andere – und dies setzt sie unbewusst unter großen Druck. Da zwickt vielleicht über Jahre hier und da mal der Nacken oder der Rücken, aber das wird ignoriert, bis der Bandscheibenvorfall, die Vorwölbung oder der Burn-out da ist. Dann sind sie ganz stark auf ihre Gefühle zurückgeworfen, denn die Schmerzen fühlen sie auf jeden Fall. Und noch mehr verwundert reagieren sie, wenn der Arzt fragt, unter welchem Druck sie stehen. Druck? Was hat der Druck mit dem Rücken zu tun? Die Schmerzen sollen weg! Auch höre ich von immer mehr – gerade analytischen – Kunden, die zur Reha waren, dass sie Anwendungen in systemischer Aufstellungsarbeit hatten, Klangtherapie oder in anderen naturheilkundlichen oder der Esoterik zugeordneten Verfahren. Dinge, die mit der Schulmedizin nur wenig zu tun haben, verlangen von den Kontrolleuren und Analytikern, von starren Ansichten ab- und Neues zuzulassen.

> Hier liegt die scharfe Grenzlinie zwischen der Intuition und der Analyse. Man erkennt das Wirkliche, das Erlebte, das Konkrete daran, dass es die Veränderlichkeit selbst ist.
>
> *Henri Bergson,* Denken und schöpferisches Werden

Reicht ein Wochenendseminar, um die Fähigkeit zu erlernen?

Ich gebe sehr gerne zweitägige Auraseminare, doch hat die Erfahrung der letzten sieben Jahre gezeigt, dass die meisten Menschen nach dem Seminar nicht weiterüben und das Erlernte zu wenig im Alltag integrieren können. Es gibt sehr viele Menschen, die hunderte von Büchern lesen, zahlreiche Seminare absolvieren, aber das Erlernte oder Gelesene nicht im Alltag umsetzen. Sie hören auf, sich damit zu beschäftigen, und hoffen auf ein Wunder, das sie zum Ziel bringt. Viele hören auch auf, etwas zu tun, von dem sie sich Erfolg versprochen haben, weil sie noch nicht die erwünschten Ergebnisse erzielt haben. Doch nur durch die Integration ins tägliche Leben lassen sich die Ergebnisse erzielen, die wir uns wünschen.

So arbeite ich daran, in Zukunft den Schülern neue Konzepte anzubieten, in denen das Erlernte immer wieder im Zusammenhang geübt und angewandt werden kann.

Auch Sie werden immer wieder üben müssen, da bin ich mir sicher.

> Je schwerer etwas fällt, desto größer
> ist die Freude, wenn es uns gelingt.
>
> *Abraham Lincoln*

Wozu dient die bewusste Beschäftigung mit dem Auralesen beziehungsweise dem emotionalen Sehen?

Heute weiß man, dass Intelligenz alleine nicht ausreicht, um beruflich erfolgreich zu sein. Sie reicht auch nicht, wenn es um die Pflege von zwischenmenschlichen Beziehungen geht. Mindestens genauso wichtig ist die emotionale Intelligenz. Sie hilft uns, Situationen richtig einzuschätzen und Beziehungen mit Menschen zu knüpfen und zu verbessern. Sie basiert auf der Fähigkeit, die Gefühle und Stimmungen anderer zu erfassen. Emotionale Intelligenz ist aber nicht nur ein wichtiger Faktor im Umgang mit anderen, sie ist auch ein Grundbaustein dafür, sich selbst zu motivieren. Die emotionale Intelligenz ist ein wichtiger Zusatz zur Intelligenz.

Wie viele Menschen warten auf Impulse und den Anschub durch andere? Und manche warten ihr ganzes Leben auf etwas, das aus ihnen selbst hätte kommen können. Sie hadern mit ihrem Schicksal, sie hadern mit ihren Mitmenschen, andere wiederum werden zu Einzelgängern, ziehen sich zurück und wissen nicht, wie sie ihrem Unwohlsein entfliehen können. Die Liste ließe sich weiterführen, bis hin zu Depressionen und Burn-out, da die Menschen oft auch kein Gefühl für sich haben, wenn sie über wenig oder keine emotionale Intelligenz verfügen.

Bekannt wurde der Begriff "emotionale Intelligenz" durch Daniel Golemann, geboren 1946 in Stockton, Kalifornien. Er hat unter anderem als klinischer Psychologe an der Harvard-Universität gelehrt. Nach seiner Auffassung sagt die emotionale Intelligenz unter anderem aus, wie eigene Gefühle und die Gefühle anderer richtig eingeschätzt und beeinflusst werden können. Er sieht dies mit als Voraussetzung für beruflichen Erfolg und als etwas, das gute Führungspersönlichkeiten ausmacht. Ich zitiere einen Satz aus seinem Buch von 1995, Seite 12: "Was die emotionale Intelligenz so wichtig macht, ist der Zusammenhang zwischen Gefühl, Charakter und moralischen Instinkten."

Hier nehme ich wieder Bezug auf das Aurasehen und -lesen. Wer sich Wissen über die Chakren (feinstoffliche Energiezentren des Körpers) aneignet und auch über die Farben oder was auch immer er in der Aura später zu erkennen glaubt, kann mit emotionaler Intelligenz Rückschlüsse auf die Situation der Person, ihr Potenzial und ihre Herausforderungen ziehen. Wer kein Gefühl zu inneren Bildern entwickeln kann, wird sich schwertun. Wer beim emotionalen Sehen charakterlich nicht gefestigt ist, wird sich schwertun abzuschätzen, was er sagen darf und kann, ohne die Person zu überfordern oder zu verunsichern. Wer moralisch nicht gefestigt ist, kann sich die Schwächen einer Person selbst zunutze machen. Statt die Person zu stärken und darin zu unterstützen, sich selbst helfen zu lernen und von ihren Stärken zu profitieren, machen solche Menschen ihre Kunden von sich abhängig und zum Dauerkunden.

Fehlt jemandem die emotionale Intelligenz, lässt das den Rückschluss zu, dass selbst ein fachlich gut qualifizierter Vorgesetzter ohne emotionale Intelligenz scheitern wird, weil er es nicht verstehen wird, seine Mitarbeiter zu motivieren und zu fördern.

Es ist erwiesen, dass schädliche Emotionen, wie Wut, Ärger, Hass, Zorn, Gier, Neid etc., unsere Gesundheit genauso negativ beeinflussen können wie eine ungesunde Ernährung oder Lebensführung. Wir brauchen also positive Emotionen und den Willen, diese in unser Leben zu lassen. Wir brauchen Charakterfestigkeit und Mut, uns mit unserem ganzen Wirken und Sein zu beschäftigen und auch unsere Schattenseiten anzuschauen. Das Erkennen und Akzeptieren der eigenen Gefühle und deren angemessener Ausdruck (Emotionen) sind Bestandteile der emotionalen Intelligenz. Wer seine Gefühle erkennt, versteht sein Verhalten und seine Reaktionen und kann lernen, dass er seine Emotionen beeinflussen und steuern kann. Wer seine Emotionen im Griff hat, kann sich selbst beruhigen und positive Gefühle verstärken. Er kann sich auch leichter selbst motivieren, um Ziele zu erreichen. Wer sich selbst kennt und versteht, wer sich selbst fühlt, dem fällt es auch leichter, andere Menschen zu verstehen und mit ihnen zu fühlen. Das nennt man empathisches Verhalten oder emotionale Empathie. Wenn jemand erkennt, was andere fühlen, kann er viel eher herausfinden, was andere brauchen oder wollen. Empathie bringt Beliebtheit, Anerkennung und Integration in eine Gemeinschaft.

Emotionen spiegeln sich in Mimik, Gestik, Körperhaltung und Stimme. So wird es sich nicht vermeiden lassen, dass Sie das, was Sie in der Aura sehen, abgleichen mit dem, was Ihr physisches Auge wahrnimmt und was Ihr Gefühl dazu sagt. Sie werden leichter herausfinden, ob jemand ein guter Schauspieler ist oder ob sein Ausdruck authentisch ist und sich mit dem deckt, was Sie in der Aura wahrnehmen. Das Verstehen von Emotionen spiegelt die Fähigkeit wider, Emotionen analysieren zu können. Daher widmen wir uns in diesem Buch auch dem Training, auf unsere Gefühle zu achten! Wir können damit lernen, unseren eigenen Gefühlen zu vertrauen. Das Aurasehen oder das Wahrnehmen von Gefühlen und Schwingungen kann im Alltag sehr hilfreich sein. Es ermöglicht einem - nach intensivem Training -, Aurafarben mit bestimmten Persönlichkeitsmerkmalen oder Verhaltensmustern zu verbinden. Diese Informationen kann man produktiv einsetzen, denn sie ermöglichen es einem, ein besseres Verständnis für das Potenzial eines

Menschen zu bekommen und ihm zu helfen, ein erfüllteres und glücklicheres Leben zu führen.

Sie haben es bereits mehrfach gelesen, ich rede immer wieder vom Fühlen, vom Sehfühlen. Man kann beispielsweise Angst nicht explizit als Aurabild abbilden. Bei jedem Menschen ist die Angst anders. Man kann jedoch durch das Einfließenlassen von Gefühlen zu einem Bild, das man wahrnimmt, schnell einen Bezug zu Gefühlen wie beispielsweise Angst oder Wut aufbauen. Dies sollte jedoch niemals dazu benutzt werden, Informationen über Menschen zu erhalten, die einen nichts angehen, oder Menschen zu manipulieren, weil man vermeintliche Informationen über sie hat.

Ebenso wichtig ist es, dass wir weitestgehend frei von Ängsten, insbesondere frei von der Angst vor den vermeintlichen "negativen Energien", sind. Wer stark angstbehaftet ist, dem zeigen sich Dinge, die ihm seine Angst spiegeln. Dies ist bei keiner Aurasitzung förderlich. In esoterischen Kreisen wird gerne von negativen Energien geredet. Für mich sind es einfach Energien. Sie sind dann negativ, wenn ich moralisch nicht gefestigt bin und mich zu Handlungen hinreißen lasse, die auf niedrig schwingenden Energien wie Wut, Hass, Neid, Gier, Missgunst etc. beruhen. Diese Energien schwächen unser Energiesystem, sofern wir selbst Anteile in uns haben (bewusst oder unbewusst), die damit in Resonanz gehen.

Ich bekam Gegenargumente zu hören wie zum Beispiel, dass es sehr wohl Plätze mit negativen Energien gibt, beispielsweise wenn auf diesen Plätzen Kriege oder Morde stattgefunden haben. Ja, das ist richtig. Wir können diese Energien spüren. Aber warum finden Kriege oder Hinrichtungen statt? Doch aus Wut, Hass, Gier und so weiter. Also Untugenden. Diese Plätze brauchen Heilung und nicht die Ablehnung. Aber auch wir brauchen die Heilung auf diesen Ebenen, sonst werden immer weiter solche Orte entstehen. Es sind Plätze, die uns bewusst werden lassen, was es zu ändern gilt, und damit könnte man die Frage stellen, ob sie dann noch negativ sind oder ob sie nicht sogar zur Heilung beitragen. Es ist immer eine Sache der Betrachtung und der Einstellung dazu. Ich fühle mich auf solchen Plätzen auch nicht wohl, das merke ich ja selbst. Wenn ich die Zeit dazu habe, mache ich Heilarbeit. Manchmal ertappe ich mich auch dabei, dass ich es einfach nur sehe und nichts mache, weil ich keine Lust dazu habe. Und auch das finde ich okay. Denn immer dann, wenn ich etwas tue und nicht mit dem Herzen dabei bin, schwächt es meine Energie und schadet mir und anderen mehr, als dass es nützt.

Kommen wir zurück auf die vermeintlichen negativen Energien. Hat jemand diese Schwingungen in seinem Energiesystem und sie werden von mir bemerkt, ist es meine Herausforderung, wie ich damit umgehe. Wenn ich über emotionale Empathie verfüge, werde ich versuchen, diese Person gemäß ihrer Stärken zu fördern, damit sie Zentrierung und Stabilität im Leben findet. Wer um seine Stärken weiß, wer diese dazu auch noch leben kann, der hat viel eher die Chance, zu einem starken und ausgeglichenen Menschen zu werden, als der, der immer nur seine Schwächen angekreidet bekommt. Ich will damit nicht zum Ausdruck bringen, dass man Schwächen nicht ansprechen darf. Man sollte aber aufzeigen können, wie diese mit den Stärken kompensiert werden können.

Viele Unternehmen legen heute Wert darauf, dass ihre Mitarbeiter über emotionale Empathie verfügen, da sie wissen, dass sie maßgeblich zum Unternehmenserfolg beiträgt. Je besser Sie emotional sehen können, desto mehr Verständnis werden Sie für die Menschen, die Sie umgeben, entwickeln und umso vielfältiger können Sie diese stärken und motivieren. Glauben wir der Erkenntnis, dass wir die Stimmungen und damit auch die Emotionen anderer beeinflussen können, zeigt dies, wie wichtig das emotionale Sehen für eine liebevolle und harmonische Entwicklung ist. Sie alle kennen das aus dem Alltag. Wenn Sie gut gelaunt in eine Gruppe kommen, in der alle anderen missmutig sind, zieht Sie die Energie sehr schnell runter und Sie werden selbst missmutig. Treffen Sie nur auf eine missmutige Person und sind selbst total erfüllt und glücklich und Sie haben das Gefühl, dass nichts Ihre Stimmung beeinflussen kann, dann werden die Gespräche mit der anderen Person lockerer und am Ende lacht sie sogar noch mit Ihnen mit. Treffen Sie selbst auf nur eine gut gelaunte Person, die Ruhe, Stärke und Kraft ausstrahlt, vergessen Sie Ihre Sorgen vielleicht viel schneller als gedacht. Dies kann natürlich genauso geschehen, wenn Sie in eine entsprechende Gruppe geraten. Auch das haben viele von uns im Alltag schon erlebt. So gehen Sie anstandshalber auf eine Feier, auf die Sie an diesem Tag überhaupt keine Lust haben, Sie wollen aber auch nicht absagen. Und kaum sind Sie dort, holt Sie die gute Stimmung ein – und auf dem Nachhauseweg fragen Sie sich, warum Sie vorher keine Lust hatten, dort hinzugehen, wo es doch so eine schöne Feier war. So glaube ich, dass der in dem Moment emotional Stärkere die Stimmung des anderen beeinflussen kann. Interpretiere ich die Annahme von Daniel Golemann in seinem Buch richtig, so imitieren wir unter Umständen sehr schnell Emotionen anderer durch unbewusst wahrgenommene Ausstrahlungen. Sie haben in einem der vorherigen Kapitel ja schon gelesen, wie Energie Wasser beeinflussen kann. So kann der emotional oder mental Stärkere sicher auch unsere Energie – bzw. unser Körperwasser – beeinflussen, was sich schnell in unserem ganzen Körper bemerkbar macht.

Im Alltag vollzieht sich die Imitation von Gefühlen zumeist ganz unmerklich. Ulf Dimberg von der Universität Uppsala stellte fest, dass der Anblick eines lächelnden oder wütenden Gesichts beim Betrachter Anzeichen der entsprechenden Stimmung in Form von geringfügigen Veränderungen der Gesichtsmuskulatur hervorruft, die durch elektronische Sensoren erkennbar werden, aber mit bloßem Auge gewöhnlich nicht zu sehen sind. Was heißt das für uns? Wer heute Teams bilden will, Verträge aushandeln möchte, Personal benötigt oder Konflikte im Personal schlichten will, wird mit dem emotionalen Sehen eine Grundlage für soziale Kompetenz und Erfolg finden. Er wird darüber hinaus das ausstrahlen, was man im Allgemeinen als charismatische Persönlichkeit bezeichnet.

Was gilt es, beim Start zu berücksichtigen?

Um das Aurasehen zu trainieren, brauchen wir einen Trainingsplan. Darüber hinaus hat es sich als hilfreich erwiesen, mit dem Zuordnen von Farben zu arbeiten, da wir alle bewusst oder unbewusst einen Bezug zu Farben haben. So erleben wir - bei Frauen findet man das Phänomen meist häufiger als bei Männern -, dass wir an manchen Tagen nichts farblich Passendes im Kleiderschrank finden. Auf einmal haben wir das Bedürfnis, eine andere Farbe tragen zu wollen. Wir können das Graue oder Schwarze einfach nicht mehr sehen, oder wir entscheiden uns für eine Farbe, die wir vorher nicht mochten. Es gibt jedoch mehrere Faktoren, die beim Trainieren des Aurasehens eine Rolle spielen. Diese sind Freude, Zeit und Ruhe, ein möglichst ausgeglichener Zustand und eine gute Erdung, die Erde gerne als Heimat haben. Wer gerne in anderen

Sphären leben würde, dem zeigen sich sehr gerne sehr feinstoffliche Dinge, aber dann fehlt oft die Gabe, damit angemessen umzugehen. Die Menschen kommen dann oft nicht klar mit dem, was sich ihnen zeigt, was sie hören oder fühlen. Weiter brauchen Sie eine neutrale Einstellung gegenüber dem, was sich zeigt, beziehungsweise es sollte keine emotionale Bindung zu der Sache oder Person bestehen, da man sich sonst blockiert. Beim Betrachten der eigenen Aura wird man seine Blockaden nicht sehen, weil man ihnen gegenüber nicht zu 100 Prozent aufgeschlossen ist, weswegen Sie freiwillige Übungspartner benötigen, die Ihnen zur Verfügung stehen. Diese spielen eine zentrale Rolle, denn der Austausch beziehungsweise das Feedback lassen uns sicherer bei den Interpretationen werden.

Das Aurasehen lässt sich über sehr viele Techniken trainieren. Das Fühlen von Energien gehört auch dazu. Handauflegen und Reiki trainieren die Wahrnehmung von Energien. Klangschalentherapeuten spüren an der Schwingung ihrer Klangschale, wo Blockaden sind. Auch das kann die Wahrnehmung trainieren. Ebenso zeigen Aufstellungsarbeiten, dass wir Energien von Personen oder Dingen sichtbar machen können, und sie sind wertvolle Hilfsmittel beim Training des "Energiesehens". Ich selbst arbeite mit Farben und Krafttieren und dem Fühlen von Energien, was aus der Arbeit mit Reiki heraus entstanden ist.

Sehfühlen und Gefühle – jeder hat Zugang dazu

Ich nenne die Art und Weise, wie ich Energien wahrnehme, "Sehfühlen", und genau das verbinde ich mit dem "emotionalen Sehen". Es spielen so viele Sinne mit hinein, die wir zur Interpretation beim Auralesen nutzen, dass für mich emotionales Sehen eher das ausdrückt, was Einsteiger unter dem Aurasehen verstehen. Was geschieht dabei genau? Im Grunde entwirren wir durch Konzentration, Gelassenheit und Ruhe ein Bündel von Energien und Informationen. Einstein bewies bereits, dass alle Materie Energie ist – alles ist Energie, und wir können Energien sehen und fühlen. Aber manchmal werden auch andere Sinne mit angesprochen, wie das Schmecken, Hören und Riechen – und dann schmecken, hören oder riechen wir eine Energie und nehmen sie auf diese Weise wahr.

Manchen Menschen fällt es schwerer als anderen, in das Auralesen hineinzukommen. Sie haben

Probleme mit ihren Gefühlen. Sie selbst beschreiben ihre Situation so, dass sie kein Gefühl für etwas haben. Sie können nicht einschätzen, ob ihnen etwas guttun wird. Oft wissen sie nicht einmal, was ihnen Freude macht. Sie fühlen keine Energiefelder. Sie können scheinbar keine inneren Bilder wahrnehmen. Da beim Auralesen oder beim emotionalen Sehen auch das mediale Fühlen eine große Rolle spielt, braucht es das Training, um wieder Zugang zu seinen Gefühlen zu finden. Manchmal sehen wir etwas und können es nicht deuten. Dann ist es hilfreich, auf das Gefühl zu dem inneren Bild zu achten. Jeder Mensch fühlt, auch wenn er glaubt, von seinen Gefühlen getrennt zu sein. Er fühlt genau, ob er sich nicht wohlfühlt. Er fühlt ebenso, wenn er sich wohlfühlt. Es geht nicht, dass man nichts fühlt, das sollte man sich immer wieder vor Augen führen. Man fühlt, wenn man auf einem Stuhl sitzt. Man fühlt, wenn es kalt ist oder auch warm. Man fühlt, ob etwas weich ist oder hart. Das Training des Fühlens kann daher sehr gut auf solchen Wahrnehmungen aufgebaut werden.

Es gilt, diese Übungen in Achtsamkeit und mit Ruhe zu machen. Beispielsweise kann man sich an

Sehfühlen und Gefühle – jeder hat Zugang dazu

eine harte Wand lehnen und schauen, wie sich das anfühlt. Was macht Härte mit dem eigenen Körper. Fühlt man sich geborgen? Fühlt man Widerstand und Druck? Wie ist es, auf einem weichen Bett oder sogar einem Wasserbett zu liegen? Fühlt man sich dort geborgen? Was macht dieses Gefühl der Geborgenheit mit einem? Empfindet man Wohlbefinden? Gibt es einen Unterschied im Gefühl zu der harten Wand? Achten Sie darauf, in welchen Räumen Sie sich wohlfühlen, und nehmen Sie sich die Zeit, Ihre Körperspannung zu beobachten. Was macht es mit Ihnen, wenn Sie sich an einen Platz setzen, an dem irgendetwas nicht harmonisch für Sie zu sein scheint? Beobachten Sie sich und sehen Sie sich um. Was löst die Spannung in Ihnen aus? Was bräuchten Sie jetzt für Ihr Wohlbefinden? Wenn Sie ein gutes oder schlechtes Gefühl verspüren, dann fragen Sie sich, auf welche Art und Weise das Gefühl gut oder schlecht ist. Fragen Sie sich, warum Sie sich gut oder schlecht fühlen. Woher kommt dieses Gefühl? Ist es etwas, das beständig da ist, oder vergeht es? Wenn es ein schlechtes Gefühl ist, fragen Sie sich, was Sie brauchen, damit es vergeht. Machen Sie diese Übung so lange, bis Sie Antworten darauf haben.

Genauso ist es mit der Musik. Musik kann uns beruhigen und entspannen, sie kann uns aber auch "verstimmen" und auf die Nerven gehen. Klangschwingung hat einen großen Einfluss auf uns. Und auch mit ihrer Hilfe können wir unsere Gefühle trainieren. Indem wir uns bewusst dem Wechsel aus Wohlbefinden und Unwohlsein aussetzen, können wir unsere Körperreaktionen und Gedanken dazu beobachten und wir werden feststellen, dass die Aussage "Ich fühle nichts!" nicht auf uns zutrifft. Wenn wir Blockaden entwickelt haben, die es uns schwermachen, unsere Gefühle wahrzunehmen und zu deuten, ist es sinnvoll, diesen Blockaden auf die Spur zu kommen. Meist handeln die Menschen aus Angst nicht, sie haben bewusst oder unbewusst Angst davor, einen Schmerz erneut zu erleben. Gleichzeitig spüren sie jedoch, dass sie sich unvollständig fühlen, oder sie merken, dass sie zu bestimmten Dingen keinen Zugang finden, was sie ebenfalls unglücklich macht. Werden wir mutig und verlassen wir die vertraute Komfortzone mit Abenteuerlust, kann sich unser wahres Potenzial entfalten – und gleichzeitig gelingt es uns, dieses ebenfalls in anderen Menschen zu fördern.

Ein weiterer Ansatz aufzuzeigen, dass jeder fühlt, ist, wenn man zeitweise um Menschen und deren Wohl besorgt ist. Man fühlt Sorge. Vielen ist gar nicht bewusst, dass das ein Gefühl ist, und sie übergehen es einfach. Sie tun alles für das Wohlergehen anderer, ohne sich bewusst zu sein, dass sie es aus Angst oder Sorge tun. Hinter ihrer Handlung steht also ein Gefühl.

Keinesfalls darf man sich mit der Aussage in sich selbst, dass man nichts fühle, zufriedengeben. Es bedarf vielleicht am Anfang etwas Übung, sich selbst zu beobachten und zu fragen, was eine harte Wand oder eine weiche Unterlage mit einem macht, aber es werden Reaktionen folgen.

Die Kunst des Fokussierens

Wenn Sie sich in einer Menschenmenge befinden, werden Sie alle möglichen Geräusche vermischt wahrnehmen. Durch die Fokussierung auf ein bestimmtes Geräusch nehmen Sie dieses intensiver wahr, die anderen Geräusche dagegen verblassen in der eigenen Wahrnehmung. So in etwa können Sie sich die Fokussierung beim Aurasehen vorstellen. Sie brauchen also die Intention, sich in Ruhe und Gelassenheit zu konzentrieren beziehungsweise zu fokussieren. Das bedeutet auch, dass Sie mit der Entspannung und der Fokussierung noch einmal von vorne beginnen sollten, wenn sich einmal nichts zeigen will. Achten Sie noch mehr auf die Entspannung. Setzen oder stellen Sie sich so entspannt wie möglich hin. Bitte vermeiden Sie das Liegen. Beide Füße fest auf dem Boden zu spüren, vermittelt - wenn oft auch unbewusst - ein zusätzliches Gefühl von Sicherheit und Bodenhaftung, was beim Aurasehen immer nützlich ist.

Nehmen Sie ein paar tiefe Atemzüge und lassen Sie Ihren Atem fließen, wie es ihm gefällt. Beobachten Sie, wie Sie ein- und ausatmen, und versuchen Sie, in Gedanken Ihrem Atemfluss durch Ihren Körper zu folgen. Stellen Sie sich in Gedanken vor, wie sich Ihr Energiefeld mit jedem Ausatmen ausweitet ... als würde sich eine dünne, durchlässige Membran von Ihrem Körper weg immer weiter nach außen schieben. Diese Membran wird Ihnen als Empfangsantenne dienen, und je größer Ihre Membran wird, desto leichter wird Ihnen der Empfang von Informationen fallen.

Wenn Sie das Gefühl haben, die zurzeit maximale Ausdehnung erreicht zu haben, konzentrieren Sie sich auf die Eindrücke, die Sie zu der Sache oder Person, um die es Ihnen geht, empfangen. Welche Impulse kommen in Ihnen hoch?

Welche Sinne spielen beim Auralesen eine Rolle?

Für unsere Wahrnehmung stehen uns verschiedene Sinne zu Verfügung. So haben wir unsere Sinnesorgane, wie die Augen, Ohren, Hände, die Zunge und die Nase. Mit diesen Sinnen können wir entweder Hellsehen, Hellhören, Hellfühlen (wobei hier meiner Ansicht nach auch unser Bauchgebiet eine Rolle spielt), Hellschmecken und Hellriechen. Mit dem Hellsehen können sicher die meisten von Ihnen etwas anfangen. Das ist das, was man sich beim Energie- beziehungsweise Aurasehen wünscht. Auch der Begriff Hellhören ist vielen geläufig. Wie oft wacht man aus einem Traum auf und hat das Gefühl, gerade Stimmen gehört zu haben … Manchmal sogar im Alltag. So habe ich es schon oft klingeln gehört, obwohl es nicht geklingelt hat. Trotzdem stand wenige Minuten später ein Besucher bei mir vor der Tür. Hellfühlen ist, einen inneren Impuls zu einer Sache zu haben, ohne ihn benennen zu können. Man hat einfach ein Gefühl zu einer Sache, man würde auch sagen, man hat oder hatte eine gute Intuition zu einer Angelegenheit. Aber auch über die Hände kann man Energiefelder fühlen, wobei sich auch hier das Bauchgefühl mit einklinkt. Manchmal kribbeln oder "bizzeln" die Hände, werden wärmer oder kälter, jedoch hat man in der Regel parallel dazu im Bauch ein Gefühl, wenn man seine Hände über einen Gegenstand oder einen Körper bewegt. Dieses Bauchgefühl sagt: "Bleibe länger hier oder gehe dort weg." Es signalisiert, ob sich etwas gut oder schlecht für uns anfühlt.

Wenn ich die Begriffe Hellschmecken oder Hellriechen verwende, schauen viele irritiert. Ich selbst zähle das nicht zu meinen derzeitigen Begabungen. Trotzdem habe ich Menschen in meinen Kursen gehabt, die das regelmäßig erleben. Sie haben einen bestimmtem Geschmack im Mund und wissen, dass jetzt gleich eine unschöne Situation passiert, weil es bitter schmeckt. Andere haben plötzlich einen Geruch in der Nase und wissen, dass eine bestimmte Person, die so riecht, gleich da sein wird.

Wer fühlig ist, reagiert häufig mit Emotionen. Eine Emotion ist ein zum Ausdruck gebrachtes

Gefühl. Zum Beispiel können wir Wärme oder Kälte fühlen. Wenn wir frieren, kann es passieren, dass wir wütend reagieren, weil die Heizung nicht funktioniert oder weil wir uns über uns selbst ärgern, dass wir uns zu dünn angezogen haben. Die Wut ist dann die Emotion, die zum Ausdruck gebracht wird.

Wenn wir lernen, emotional zu sehen, hilft es uns, über Gefühle und Emotionen, die wir wahrnehmen, unser Sichtfeld zu erweitern und in die Fähigkeit des Auralesens und "Sehfühlens" einzutauchen.

Auch ohne bewusst die Aura sehen zu können, machen wir uns anhand der Physiognomie und der Deutung von Gesichtsmerkmalen schnell ein Bild von einer Person. Auch wenn ich darin nicht ausgebildet bin, bin ich der Auffassung, dass wir bewusst und unbewusst sehr viel aus Gesichtern lesen. Wir sehen schnell, ob die Augen von jemandem leuchten oder traurig aussehen. Jemand der krank ist, sieht anders aus, als jemand, der vor Gesundheit strahlt. Auch das fließt schnell beim Auralesen mit ein, wenn wir unsere Augen offen lassen, statt sie zu schließen.

Mut und Vertrauen – trauen Sie sich!

Ohne den Mut, Neues auszuprobieren, geht es nicht. Ohne Vertrauen, das Gespürte oder Gesehene mit jemandem beziehungsweise am besten mit dem Übungspartner zu besprechen und zu reflektieren, geht es auch nicht. Das, was Sie wahrnehmen, sind ganz feine Impulse, die es zu erkennen und zu interpretieren gilt. Flüchtige und subtile Eindrücke, Geistesblitze, die in dem Bruchteil einer Sekunde auftauchen und manchmal gleich wieder verschwinden, wenn Sie sich auf das "Sehen" konzentrieren.

Übungsteil

Energie fühlen – erste Übungen

Übung 1

Suchen Sie sich eine Übungspartnerin/einen Übungspartner. Der Einfachheit halber nenne ich die Person nachfolgend einfach nur Übungspartner, egal ob sie weiblich oder männlich ist.

Stellen Sie sich seitlich zu Ihrem Übungspartner, und führen Sie Ihre Hände von außen nach innen zu dem Übungspartner hin (siehe Zeichnung auf Seite 82). Machen Sie diese Übung LANGSAM! SEHR LANGSAM!!! Achten Sie darauf, ob Sie – je näher Sie dem Körper kommen – eine Veränderung in Ihren Händen wahrnehmen. Vielleicht fühlt sich die Energie dicker an. Es kann sein, dass Ihre Hände oder die Finger anfangen zu prickeln. Üben Sie diese Einstiegsübung so lange, bis Sie irgendein Gefühl dazu haben.

Je näher Sie einem Körper kommen, desto dichter fühlt sich sein Energiefeld an, desto leichter fühlen wir Energie.

Machen Sie die Übung einmal mit offenen und einmal mit geschlossenen Augen und achten Sie darauf, welche Variante Ihnen einfacher erscheint. Das ist individuell verschieden.

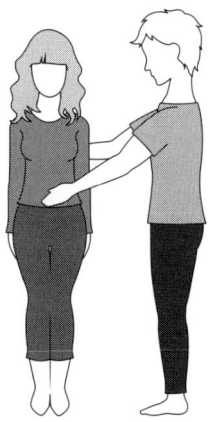

Übung 2

Für die nächste Übung machen wir uns Ihre Mentalkräfte zunutze. Nehmen Sie sich innerlich fest vor, dass Sie spüren, wo die Person ein Energieloch oder zu wenig Energie hat. Das kann einen oder mehrere Körperbereiche betreffen.

Stellen Sie sich erneut seitlich zu Ihrer Übungsperson. Fahren Sie wieder GANZ LANGSAM, also in ABSOLUTER ZEITLUPE, mit Ihren Händen in einem Abstand von etwa 15 bis 30 Zentimetern vom Körper durch das Energiefeld der Person. Ihre innere Intention dabei sollte sein, dass dort, wo genug Energie ist, Ihre Hände gefühlt "kleben bleiben". Wo keine Energie ist, sacken sie ein Stück weg beziehungsweise nach unten, bis sie wieder "kleben bleiben". Sie können sich dabei abwechselnd in die linke Hand beziehungsweise rechte Hand einfühlen und diese nacheinander abwärts bewegen. Ich hoffe, die kleinen Skizzen tragen zum besseren Verständnis bei. Haben Sie ein "Energieloch" gefunden, tauschen Sie sich aus, ob die betroffene Person in diesem Bereich körperliche Beeinträchtigungen hat.

Machen Sie die Übung einmal mit offenen und einmal mit geschlossenen Augen.

Als Ergänzung eignet sich hier sehr gut Literatur über Körper und Psyche. Autoren wie Rüdiger Dahlke und Louise Hay haben Bücher geschrieben, die Rückschlüsse auf die Psyche oder Glaubenssätze bei bestimmten Krankheitsbildern zulassen. Es kann sehr interessant sein, dies nachzulesen und zu schauen, inwiefern sich der Übungspartner darin wiederfindet. Zugleich hat er so auch die Chance, durch Einsichten und Anregungen sein Leben so zu verändern, dass er auch in diesen Bereichen wieder zu mehr Lebensenergie gelangen kann.

Übung 3 – Fernwahrnehmung

Diese Übung kann bei Ihnen nur funktionieren, wenn die zweite Übung mit Erfolg geübt wurde und Sie Spaß daran haben, diese Übung auf ganz andere Art durchzuführen. Sie benötigen dazu eine Puppe oder ein Stofftier, wie beispielsweise einen Teddy.

Ihr Übungspartner darf ruhig mit im Raum sein. Nehmen Sie den Teddy anstelle der Person, stellen Sie sich aber fest vor, dass der Teddy oder die Puppe das Energiefeld des Übungspartners darstellt.

Energie fühlen – erste Übungen

Machen Sie die Übung erneut und schauen Sie, auf welcher Höhe Sie ein Energieloch spüren. Reflektieren Sie, ob Sie Parallelen zur Übung an der Person feststellen.

Machen Sie die Übung einmal mit offenen und einmal mit geschlossenen Augen.

Gelingt Ihnen diese Übung, können Sie diese auch künftig über die Ferne mit Personen durchführen, das heißt, die Person muss dafür nicht im Raum anwesend sein.

Die Aura sehen
mit offenen Augen

Wichtig für die Übung sind möglichst natürliche Lichtverhältnisse, und es sollte möglichst keine Sonne, aber auch kein Schatten auf die Wand geworfen werden.

Stellen Sie Ihren Übungspartner vor eine freie weiße Wand und gehen Sie ein paar Schritte zurück.

Atmen Sie tief durch, achten Sie darauf, dass Sie selbst entspannt sind! Versuchen Sie nicht durch Anstarren oder Fokussieren der Person Energiefelder um sie herum zu sehen. Vielmehr ist es wichtig, an der Person vorbei oder durch die Person durch auf die Wand zu schauen. Entweder fixiert man einen Punkt über dem Kopf oder schaut über die Schultern der Person hinweg, ohne auf ihre äußere Erscheinung zu achten.

Während Sie Ihren Fokus auf einen möglichen Umriss Ihres Übungspartners an der Wand richten, kann es passieren, dass Sie einen hellen Schein um die Person wahrnehmen. Versuchen Sie, nicht zu oft zu blinzeln. Es geht leichter, wenn man nicht blinzeln muss, manchmal geht es aber auch nicht ohne. Fängt die Person an, hin- und herzuschaukeln, geht dieser Lichtkranz mit. Ich sehe ihn meist gelblich, andere dagegen beschreiben ihn als silbrig glänzend oder weiß.

Die eigene Aura sehen

Die gleiche Übung können Sie mit sich selbst vor einem Spiegel durchführen. Sie sollten wenigstens Ihren ganzen Oberkörper darin sehen. Stellen Sie sich nicht zu dicht vor den Spiegel, gehen Sie ein oder zwei Schritte zurück. Ich selbst habe sieben Jahre gebraucht, bis es bei mir funktioniert hat. Also geben Sie nicht gleich auf, wenn es nicht sofort klappt. Bisher geht es für mich überwiegend im Kopf- und Schulterbereich, dass ich Farben wahrnehme.

Akzeptieren Sie, dass Sie die Farben nur flüchtig und vage wahrnehmen, sie sich verändern und transparent sind. Meiden Sie Abfragen in der Aura, zu denen Sie eine emotionale Bindung haben. Sie blockieren sich dann mit möglicher Angst vor der Antwort selbst oder sehen Dinge in der Aura, die dort nicht sind. Akzeptieren Sie, dass Sie ein Mensch sind, mit Fehlern und Schwächen. Seien Sie bereit, an Ihren Schwächen zu arbeiten oder sie mit Ihren Stärken zu kompensieren. Lachen Sie über sich selbst, gestehen Sie sich Fehler zu. Lernen Sie aus diesen Fehlern! Stehen Sie dazu!

Warum wird der Schwerpunkt des Buches auf die Farbwahrnehmung gelegt?

Ich kenne zurzeit keinen besseren Indikator als die Farben. Ich könnte an dieser Stelle natürlich auch ein Buch über Tiere als Indikator schreiben, habe dazu allerdings selbst nicht genug Kenntnisse. Zu Farben können wir dagegen leicht Assoziationen herstellen, was für das Sehen sehr wichtig ist.

Wir kennen alle die Regenbogenfarben, die sieben Spektralfarben. Isaac Newton (englischer Physiker und Mathematiker) bewies, dass im weißen Sonnenlicht alle Farben des Regenbogens enthalten sind. Er schickte weißes Licht durch ein Prisma und entdeckte dahinter einen Regenbogen. Das bekannte Farbspektrum eines Regenbogens beginnt mit Rot, geht über in Orange, in Gelb, in Grün, in Blau und endet mit Violett. Das Prisma lenkte das Licht ebenso ab wie die Regentropfen, die sonst an der Entstehung eines Regenbogens beteiligt sind. Jede Farbe hat eine Wellenlänge. Die Wellenlänge, und damit auch die Frequenz, bestimmt die Farbe des Lichts.

Aber auch Goethes Farbtheorie ist sehr bekannt. Goethe sagt, dass er sein Wissen den alten griechischen Philosophen verdanke. Sehr schön beschrieben hat die Landesakademie für Fortbildung und Personalentwicklung an Schulen Goethes Farbenlehre unter *http://lehrerfortbildung-bw.de/kompetenzen/gestaltung/farbe/systeme/goethe/*. Ich zitiere: *Er erklärt Farben als Grenzphänomene zwischen Licht und Finsternis. Gelb liegt an der Grenze zur Helligkeit ("zunächst am Licht") und Blau an der Grenze zum Dunkeln ("zunächst an der Finsternis"). Das Himmelsblau entsteht im Rückgriff auf die antike, griechische Vorstellung als Trübe, also Atmosphäre, durch ein durchsichtiges Medium, der Luft, vor dem Dunkel des Weltalls. Nach Goethe entstehen Farben aus der Mischung von Helligkeit und Finsternis, also im Halbschatten. Diese Idee konsequent umgesetzt bedeutet aber, dass die Addition von Spektralfarben niemals weißes Licht ergeben könnte. Daraus begründet sich auch Goethes Widerspruch zu Newton.*

Goethes Farbenlehre geht also nur von zwei reinen Farben aus. Goethe betont jedoch, dass Purpur nicht aus anderen Farben mischbar ist. Daher nimmt er als reine Malfarben Gelb, Blau und Rot. Unser Auge bildet nach der Betrachtung einer Farbe selbst die Komplementärfarbe (Sukzessivkontrast), was Goethe dazu anregt, diese Farbpaare in einem Kreis diametral gegenüberstehend darzustellen. Ferner geht er von einer Steigerung der Farben zum Purpur hin aus, weshalb er Purpur oben am Kreis anordnet. Folglich liegt Grün als Komplementärfarbe und somit Gegenpol unten am Kreis. Links vom Grün liegt Blau und rechts Gelb, welche zusammengemischt das Grün ergeben. Zwischen Gelb und Purpur liegt dann Gelbrot, zwischen Blau und Purpur Blaurot.

Den vom Gelb zum Rot übergehenden Teil seines Farbkreises sah Goethe als Plusseite und die andere Hälfte zum Blau hin als Minusseite. Dabei bringt er das Gelb mit Wirkung, Licht, Helle, Kraft, Wärme, Nähe, Abstoßen in Verbindung und das Blau mit Beraubung, Schatten, Dunkel, Schwäche, Kälte, Ferne, Anziehen. Damit zeigt sich, dass Goethes Absicht vor allem darin bestand, die "sinnlich-sittliche Wirkung" der einzelnen Farbe "auf den Sinn des Auges

(...) und durch dessen Vermittlung auf das Gemüt" zu ermitteln. Er sieht Farbe "als Bewusstseinsinhalte von sinnlichen Qualitäten". Er legt den Schwerpunkt so auf die psychologische Wirkung von Farben:

- *Farben der Plusseite "stimmen regsam, lebhaft, strebend",*
- *Gelb wirkt "prächtig und edel" und macht einen "warmen und behaglichen Eindruck",*
- *Farben der Minusseite "stimmen zu einer unruhigen, weichen und sehnenden Empfindung" und*
- *das Blau "gibt uns ein Gefühl der Kälte".*

Den Farbkreis nach Goethe sehen Sie im Farbteil (Abbildung 5, Seite 181).

Nachfolgend erwähne ich den Begriff der Komplementärfarben, den ich an dieser Stelle daher erklären möchte. Mit einer Komplementärfarbe ist die einer Farbe auf dem Farbrad gegenüberliegende Farbe gemeint: Rot/Grün, Orange/Blau und Gelb/Violett. Auch aus den Mischungen können Sie ebenfalls viel ableiten, um die Farben zu interpretieren. Mischen Sie beispielsweise Rot und Gelb, entsteht Orange. Blau und Gelb ergeben Grün, Blau und Rot ergeben Violett.

Nach der Übung finden Sie jedoch noch viel mehr Herleitungen, die ich aus der Aurafotografie gewonnen habe und die sich sehr gut einsetzen lassen. Geben Sie sich innerlich die Erlaubnis, den Menschen als Prisma zu sehen. Die Farbe oder die Farben, die sichtbar werden, sind jedoch nicht fix, sie verändern sich je nach Bewusstseinszustand. An der Farbveränderung sind unsere Gedanken und Gefühle beteiligt.

Farbe ist Energie, und die Schwierigkeit besteht darin, dieser Energie eine Qualität zuzuordnen. Farben sind etwas, das die meisten Menschen kennen und zu dem sie bereits ein Bewusstsein haben. Ich habe erlebt, dass Menschen, die zu Zahlen oder Tieren oder vielleicht sogar zu Tönen einen guten Zugang haben, auch daraus Energiequalitäten ableiten können. Aber Farben sind nun einmal gängiger, und daher nutze ich dieses Wissen persönlich am liebsten.

Optische Täuschungen und Illusionen

Es gibt einen Punkt, den man beim Aurasehen nicht unberücksichtigt lassen sollte. Ich selbst bin von einer Freundin und Grafikdesignerin darauf aufmerksam gemacht worden. Es kann beim Aurasehen durch das Fokussieren ein Nachbild entstehen, und dieses Nachbild darf nicht mit der Aurafarbe verwechselt werden.

Nachbilder sind optische Täuschungen. Das heißt, Sie haben das Gefühl, noch etwas zu sehen, obwohl Sie das Objekt nicht mehr anschauen. Wenn Sie in eine helle Lichtquelle schauen und danach die Augen schließen und dann immer noch einen hellen Punkt sehen, dann nennt man das das positive Nachbild. Bei den negativen Nachbildern wird Hell zu Dunkel oder die Farben des Reizmusters oder Objektes erscheinen in den Komplementärfarben (siehe Farbkreis nach Itten im Farbteil, Abbildung 6, Seite 182).

Optische Täuschungen und Illusionen

Sie können das mit den beiden Bildern in Abbildung 7 des Farbteils (Seite 183) nachvollziehen. Schauen Sie auf die violette Schrift beziehungsweise den Punkt, und schauen Sie dann auf den Punkt auf dem freien Bild. Wenn es funktioniert hat, sehen Sie jetzt eine gelbe Schrift.

Mithilfe des Farbkreises in diesem Buch können Sie so überprüfen, ob Sie nur die Komplementärfarben oder die Aurafarben einer Person gesehen haben. Daher ist es auch so wichtig, nicht die Person mit der Kleidung anzuschauen, sonst müssten Sie darauf bestehen, dass die Person nur weiße Kleidung trägt. Wenn Sie aber fokussieren, indem Sie auf die weiße Wand schauen oder eben die Übungen über das innere Auge machen, schließen Sie die Gefahr des Nachbildes aus.

Übung Aurasehen: Bringen Sie Farbe aufs Papier

Nehmen Sie sich ein Foto und kleben Sie es auf ein weißes Blatt Papier, oder malen Sie den Umriss eines Menschen auf ein großes weißes Blatt. Nehmen Sie sich Kreide oder Buntmalstifte dazu, und prägen Sie sich die Person gut ein, um die es geht. Es gibt auch wasservermalbare Buntstifte, mit denen sich schöne Effekte erzielen lassen. Verabschieden Sie sich von dem Anspruch an sich selbst, künstlerische Höchstleistungen vollbringen zu müssen. Konzentrieren Sie sich nur auf die Person, die bei Ihnen ist oder um die es geht.

Schließen Sie die Augen und bitten Sie innerlich darum, dass Sie in Ihrem Inneren einen Impuls erhalten, welche Farbe diese Person in der Aura im Kopfbereich hat. Es kann ein Gedanke sein, der da kommt, ein Gedanke an eine bestimmte Farbe oder

Übung Aurasehen: Bringen Sie Farbe aufs Papier

Farbmischung. Es kann sein, dass Sie trotz geschlossener Augen das Gefühl haben, eine bestimmte Farbe zu sehen. Es kann sogar sein, dass Sie innerlich ein Wort hören oder einen Geruch wahrnehmen, den Sie mit einer Farbe verbinden können. Vielleicht riecht es nach frischem Gras und zeigt damit die Farbe Grün an. Oder es riecht nach Salzwasser – wie das blaue Meer. Sie können sich so abschnittsweise den ganzen Körper nach und nach einblenden. Entweder hintereinander weg oder Sie malen den Kopfbereich farbig und schließen dann wieder die Augen, um weiterzumachen. Manchmal hat man auch gleich ein komplettes farbiges Bild vor Augen. Es ist individuell verschieden.

Vielleicht schaffen Sie es, irgendwann die physischen Augen nicht mehr schließen zu müssen. Bei mir ist es wie gesagt abhängig von der Tagesverfassung. Viele Schüler lassen sich zu sehr ablenken, wenn sie mit dem physischen Auge sehen. Daher hat sich die Methode mit geschlossenen Augen oder einer blickdichten Brille bewährt. Wer sich für etwas begeistern kann, lernt es leichter, das hat die Gehirnforschung bereits erwiesen. Kinder begeistern sich leichter, und was wir schon als Kind gelernt haben, fällt uns leichter, das sehen wir auch daran, dass wir Sportarten besser beherrschen, wenn wir sie bereits als Kind ausgeübt haben. Begeistern Sie sich und Sie werden dazulernen!

Erste-Hilfe-Übung – wenn keine Farben kommen wollen

Stellen Sie sich mental vor, Licht fließt in den Menschen hinein, und schauen Sie, welche Farben aus dem Menschen heraustreten. Schon haben Sie ein Aurabild, entstanden dadurch, dass Sie sich die Erlaubnis gegeben haben, den Menschen als Prisma anzusehen.

Die mentale Schablonentechnik

Ich habe am Anfang des Buches erwähnt, dass ich gelernt habe, in der Aura mit individuellen Schablonen Dinge anzuschauen. Häufig kommen Menschen und fragen ganz pauschal: "Was siehst du bei mir in der Aura?" Meine Antwort überrascht sie dann sehr, denn ich antworte meist: "Nichts!" Ich sehe nichts, wenn ich so durch die Straßen laufe und Menschen anschaue. Ich bin sogar froh darüber. Es würde mich verwirren und meinen Alltag anstrengend machen. Das mag bei den Menschen, die die Fähigkeit von Geburt an haben, anders sein, weil sie es nicht anders kennen. Ich aber wäre definitiv reizüberflutet. Wenn ich etwas wissen will, überlege ich mir, wie ich es abfragen könnte. Will ich Organe sehen, lasse ich gedanklich eine Farbe durch den Körper laufen und schaue, welche Organe sich einfärben als Hinweis darauf, dass da ein Schwachpunkt liegt. Das wäre meine

Anregung für alle Heiler, die diesen Part sehen lernen möchten. Wie gesagt, ich selbst halte mich da zurück, trainiere es nicht großartig und werde mich nicht zu Diagnosen hinreißen lassen. Will ich ein Krafttier sehen, so warte ich ab, bis sich ein Tier vor meinem inneren Auge zeigt. So kann ich mit Pflanzen, mit Farben, mit allem, was ich mir vorstellen kann, verfahren. Das, was sich zeigt, gilt es dann, entsprechend zu analysieren. Hier darf nun endlich der Verstand, der uns so oft beim Training der Intuition in die Quere kommt, wieder mitarbeiten.

Die Interpretation des Gesehenen

Die Aura zu sehen, ist nicht gleich Auralesen – lernen Sie zu interpretieren

Etwas wahrzunehmen ist gar nicht so schwer, oder? Viel schwieriger ist es, das Gesehene zu interpretieren. Daher verwende ich Fachliteratur, um mir Fragen zu beantworten. Ich recherchiere, was Tiere als Krafttier bedeuten oder welche Zuordnungen es bezüglich der Farben gibt. Auch über Symbole gibt es Literatur, und dank dem Internet bleibt in der heutigen Zeit kaum eine Frage unbeantwortet. Dieses Analysieren bringt mir Informationen, so dass ich eine Lesung vornehmen kann. Sicher mag das bei den Menschen, die blind oder von Kindheit an aurasichtig sind, anders sein. Aber Sie hätten sicher kein Buch zu diesem Thema gekauft, wenn Sie die Aura bereits lesen könnten, und so hoffe ich, dass auch Sie mithilfe dieser Informationen Ihre Aurawahrnehmungsmöglichkeiten verfeinern können.

Wenn wir unsere Wahrnehmung trainieren, kommt es auch vor, dass wir Dinge sehen, die wir nicht zu interpretieren wissen. Hier hilft es, sich Synonyme für das Gesehene zu überlegen oder sie vielleicht sogar zu notieren. Mit meiner Freundin Ulla Knoll habe ich das Buch "Praktische Traumarbeit" geschrieben. Warum ich hier so intensiv auf Träume eingehe, erkläre ich gleich. Es ist kein Fehldruck, sie haben tatsächlich ein Aurabuch in der Hand, auch wenn es jetzt kurz um Träume geht. Wir haben in unserem Traumbuch gänzlich auf das Erläutern von Traumsymbolen verzichtet, und das hat einen triftigen Grund. Träume ich beispielsweise von einer Welle, bedeutet das für mich in der Regel Gefahr und Kontrollverlust. Für einen Wellenreiter wird es aber Freiheit und Freude bedeuten – Traumsymbole sind demnach immer individuell und persönlich zu deuten. Träume können uns auch helfen, uns und die Geschehnisse um uns herum besser zu verstehen und zu verarbeiten. Darüber hinaus können wir sie als Ratgeber und zur Beantwortung von Fragen benutzen. Durch die Traumarbeit können wir mit uns selbst in Verbindung treten und mit uns selbst kommunizieren. Im Traum können wir nach der Vertiefung des Bewusstseins streben und uns selbst entwickeln. Das war die Ansicht von tibetischen Meistern. Aber auch in vielen anderen Kulturen gaben Träume Orientierung, auch bei Krisen und Krankheiten. In Ägypten wurden Traumdeuter "Meister der geheimen Dinge" genannt, aber auch die Indianer und Aborigines nahmen Träume als existenzielle Botschaften ernst. Träume können zudem ein Anstoß zu großen wissenschaftlichen Durchbrüchen sein:

- So schildert August Kekulé (Entdecker der Benzolstruktur) beispielsweise, dass er im Traum den Benzolring entdeckte.
- Elias Howe vollendete seine Erfindung, die Nähmaschine, in einem Traum.
- Albert Einstein entwickelte Teile seiner Relativitätstheorie träumend.
- Es gibt sogar Popmusik von Billy Joel oder Paul McCartney, die im Traum entstanden sein soll.

Der bekannte Neurologe, Tiefenpsychologe, Kulturtheoretiker und Religionskritiker Sigmund Freud, der als Begründer der Psychoanalyse gilt, entdeckte, dass der Traum verdrängte Bewusstseinsinhalte enthält. Er ließ seine Klienten ihre Träume selbst beschreiben und deuten und schlussfolgerte, dass sich so Ängste, Tabus und Neurosen aufdecken lassen. Ihm fiel auf, dass ein einziger Traum sehr viel Potenzial hat und jedes Element im Traum ein verdichtetes Symbol ist, das es zu entwirren gilt. Er nannte den Traum die "via regia", also den Königsweg, zum Unterbewussten.

Carl Gustav Jung, ein Schüler von Freud, sagte, dass man im Traum zum allumfassenden Gedächtnis Zugang finden könne. Frederik S. Perls, der Gründer der Gestaltschule der Psychologie, sieht in den Träumen den Königsweg zur Integration. So können wir die Träume nutzen, um uns aller unserer Aspekte bewusst zu werden, um sie in uns und unserem Leben zu integrieren. Sobald wir durch unseren Kanal zum kreativen Bewusstsein den spirituellen Bereich betreten (dies passiert unter anderem im Traum), sind diese Grenzen und Limitierungen nicht mehr vorhanden. Das Bewusstsein entfaltet sich frei. Das heißt: In unseren Träumen bewegen wir uns in einem grenzenlosen, unendlichen Raum. Einschränkungen, Regeln und Erwartungen von anderen bleiben außen vor. Vor allem aber haben hier auch Erwartungen, die wir an uns selbst haben, keine Gültigkeit. Das heißt, wir erkennen, dass unser Wissen endlos ist, dass wir in Verbindung stehen mit dem Wissen von Urvölkern, von ägyptischen Ärzten, persischen Philosophen und Allem-was-Ist.

Wenn wir nun Träume entschlüsseln können, können wir auch Symbole in einem Energiefeld oder einer Aura entschlüsseln. Es ist das gleiche Prinzip. Würde ich in der Aura einer Person ein Pferd sehen, würde ich fragen, ob die Person einen besonderen Bezug zu Pferden hat. Verneint sie dies, müssen Sie nicht gleich enttäuscht sein. Recherchieren Sie einfach, was das Pferd als Krafttier bedeutet, und besprechen Sie dies gemeinsam. Die dritte Möglichkeit wäre, dass Sie sich selbst fragen, was Sie mit einem Pferd verbinden, und dies kommunizieren. Sie sehen, es gibt verschiedene Arten, das Gesehene zu interpretieren. Ich erlebe, dass Schüler so gerne einen Fahrplan hätten, der ihnen die 100-prozentige Sicherheit gibt, dass sie alles richtig interpretieren können und immer um die Bedeutung des Gesehenen wissen. Aber ich betone es an dieser Stelle noch einmal: Sie brauchen Übung, um es lernen. Übung macht den Meister. Fragen Sie sich einfach, warum Sie es lernen möchten, ob es Ihnen Freude macht, es zu lernen, und wie viel Zeit und Aufwand Ihnen das Training wert ist. Gestehen Sie sich auch Fehler zu. Ich hatte am Anfang unglaublich viel Angst, Dinge nicht beantworten zu können. Heute kann ich dazu stehen, dass ich nicht immer alles weiß, dass ich nicht immer alles gleich "sehen" kann. Ein paar Zweifel können Sie auch vor spirituellem Stolz und Übermut bewahren und davor, vielleicht später aus einem überzogenen Selbstwert heraus wirklich schlimme Fehler zu machen. So werden Sie Sicherheit in dem bekommen, was Sie da sehen. Ist der Klient wirklich offen, lässt sich im Gespräch mit ihm alles klären. Sie müssen sich nur darauf einlassen.

Noch ein Beispiel: Sehen Sie beispielsweise Blumen bei jemandem in der Aura, überlegen Sie sich, was die Blume für Sie bedeutet. Was könnte die Blume an dieser Stelle bedeuten? Ist eine Blume etwas, das da zum Erblühen gebracht werden soll? Oder ein Hinweis auf Bachblüten, die die Person braucht? Oder ihre Liebe zu Blumen? Überlegen Sie erst einmal, was für Sie eine Blume bedeutet. Kommen Sie damit nicht weiter, können Sie auch die Person fragen, ob sie eine Idee zu der Blume hat. So gehen Sie mit allen Symbolen, Formen und Tieren, die gegebenenfalls in der Aura für Sie sichtbar werden, um.

Für die Farben finden Sie weiter unten Interpretationshilfen. Sehen Sie Farben, die ich hier nicht erwähne, da ich selbst nicht darauf trainiert bin, nehmen Sie sich einschlägige Literatur zu Hilfe. Im Anhang des Buches finden Sie entsprechende Literaturhinweise, aber dank des Internets ist vieles auch mit wenig Aufwand zu recherchieren. Ich überlasse es Ihnen, ob Sie sich zuerst ein Bild zu den ganzen Farben, die nachfolgend beschrieben werden, machen oder ob Sie die Übung machen, die Farben aufmalen und dann nachschlagen. Auch diese Variante kann sehr überraschend sein.

> Es ist keine Schande, nichts zu wissen,
> wohl aber, nichts lernen zu wollen.
>
> *Platon*

Wenn es trotzdem nicht klappen will

Vielleicht wollen Sie es zu sehr erzwingen. Unter Druck gerät der Körper unter Stress, auch wenn es einem nicht bewusst ist. Unter Stress fließt unser Blut – wie bei unseren Urahnen damals – in die Arme oder Beine, zum Kampf oder zur Flucht. Das sind uralte Instinkte, die aktiviert werden, auch wenn wir es nicht möchten. Damit wird unser "Brett vorm Kopf" nur noch größer, und es geht in unserer Wahrnehmung gar nichts mehr voran. – Gehen Sie das Ganze spielerisch und mit der nötigen Portion Neugier, Leichtigkeit und Spaß an!

Farbinterpretationen

Nachstehend finden Sie einige Farbübersichten, wie ich sie bei der Aurafotografie verwende und die auf meiner Arbeit mit der Aurakamera basieren. Sie lassen sich sehr gut für die Interpretation nutzen. Wenn Sie das Gefühl haben, dass die Farben leuchten, nehmen Sie die positiven Aspekte der Farben. Haben Sie eher das Gefühl, dass die Farben matt sind, dunkel, unklar oder trüb, dann finden Sie auch hierzu eine Auswahl an Interpretationsmöglichkeiten.

Die Farbe Rot in der Aura
Führer (Unternehmer), Arbeiter, Sieger

Wer primär Rot in der Aura hat, ist realistisch, aktiv, willensstark und selbstbewusst. Rot kann auch ein Hinweis auf starke Sexualität und Leidenschaft sein. Diese Menschen verfügen über Antriebskraft, Durchhaltevermögen, Mut sowie

Willenskraft und wirken präsent. Rot ist eine energiegeladene Farbe, und so sind auch die Menschen mit einer roten Aura. Sie sind meist körperlich aktiv und stehen mit beiden Füßen fest auf dem Boden, das heißt, dass sie auch eine gute Erdung haben. Sie möchten ihren Willen durchsetzen, sind handlungsstark und meist reaktionsschnell, was aber auch dazu führen kann, dass sie zuerst handeln und dann erst darüber nachdenken.

Ist die Farbe Rot zu dunkel oder trüb, so besteht die Neigung, sich zu überfordern, zu aktiv zu sein. Anspannung, Stress, Ungeduld oder Unruhe zeigen sich. Die Angst zu versagen kann Existenzängste und Überlebensängste auslösen oder sogar auf einen geschwächten Existenzwillen hinweisen. Auch Gier kann von diesem Farbton angezeigt werden. Hier kann zum Beispiel die Farbe Grün gut eingesetzt werden. Sie stellt eine Verbindung zur Natur her, die helfen würde, genauso die Auseinandersetzung mit natürlichen Heilweisen. Wenn Menschen mit einer roten Aura lernen zu meditieren, können sich ihre Gedanken ordnen, sie kommen zur Ruhe und können zielorientierter und gelassener handeln.

Wer viel Rot in der Aura hat, hat Erfolg, wenn er zu sich steht und unbeirrbar an seinem Ziel dranbleibt, bis es erreicht ist.

Die Lebensenergie lässt sich gut durch ausgeglichene körperliche Bewegung, eine gelebte Kreativität und einen positiven Glauben aufladen. Dies schwächt die oft unbewussten Überlebensängste.

Die Farbe Orange in der Aura
Gesellige, Abenteurer und Produktive

Wer hauptsächlich Orange in der Aura hat, zählt zu den Menschen, die eine kreative Ader haben, die Abenteuer lieben und produktiv sind. Sie zeigen Lebensfreude und lieben das Vergnügen. Sie sind oft gute Koordinatoren und Organisatoren und haben Freude an Beziehungen und Geselligkeit.

Ist die Farbe Orange zu dunkel oder trüb, kann dies ein Hinweis darauf sein, dass Schocksituationen noch nicht verarbeitet wurden. Ruhelosigkeit, Hektik, Angst, Entscheidungen zu treffen, blockierte Kreativität und Schuldgefühle können das Leben beeinträchtigen. Diese Farbe kann auch Suchttendenzen anzeigen. Oft ist es für diese Menschen hilfreich, sich mit Kindheitsthemen auseinanderzusetzen. Wo wurden Aufgaben oder Glaubenssätze übernommen, die heute noch das Leben beeinflussen? Viele Kunden berichten von einer schweren Kindheit, sie mussten Aufgaben übernehmen, die energetisch eigentlich einem Elternteil zustanden, oder wuchsen ohne ausreichende väterliche oder ohne ausreichende mütterliche Zuwendung auf. Unbewusst fühlen sie sich schuldig für das, was im Elternhaus vorgefallen ist, und versagen sich Freude, gute Beziehungen und vieles mehr. Es geht also darum, Schuldthematiken in sich zu klären.

Orangebetonte Menschen haben Erfolg, wenn sie mit Vergnügen und Kreativität ihre eigenen Ziele erreichen können. Sie brauchen Freiraum, was sich auch darin äußern kann, dass sie Platz benötigen. Allerdings brauchen sie selten großen Luxus, um wirklich glücklich zu sein.

Sie können ihre Batterien meist gut durch Entspannung, kreativen Ausdruck und einfach dadurch aufladen, dass sie das Leben genießen. Auch die Aktivität im Freien ist zum Aufladen der Lebensenergie hilfreich.

Die Farbe Gelb in der Aura
Unterhalter, Wissenschaftler, Analytiker

Menschen mit einer gelben Aura sind oft analytisch, also verstandes- und detailorientiert, häufig auch sehr perfektionistisch. Wie bei Orange werden Menschen mit viel Gelb in der Aura Kreativität und Fröhlichkeit sowie ein sonniges Gemüt zugeschrieben. Sie haben eine schnelle Auffassungsgabe, und viele von ihnen gehen sehr wissenschaftlich vor. Sie haben eine hohe Erwartungshaltung an sich und an andere – und wer in seiner Erwartungshaltung schon oft enttäuscht wurde, darf lernen, sie herunterzusetzen.

Ist die Farbe dunkel oder trüb, fühlen sich gelbbetonte Menschen schnell ohnmächtig oder machtlos einer Situation gegenüber. Sie sind dann plötzlich ziellos und zerstreut und bringen nichts fertig, statt eines nach dem anderen in Ruhe und Konzentration zu Ende zu bringen. Die Farbe kann auch ein gewisses Kontrollbedürfnis anzeigen. Hier besteht die Herausforderung zu lernen, nicht zu viele Dinge gleichzeitig leisten zu wollen, strukturiert vorzugehen und die hohen Erwartungshaltungen an sich und andere zu reduzieren. Man sollte sich mehr darauf konzentrieren, was wirklich Freude im Leben bereitet, und nicht aus Angst vor Kontrollverlust das eigene Leben und die eigenen Bedürfnisse aus den Augen verlieren.

Gelbe Menschen erreichen ihre Ziele und fühlen sich auch dadurch erfolgreich, wenn ihnen die Beschäftigung Freude macht und sie ihre Kreativität leben können.

Sie können ihre Batterien meist gut durch den Aufenthalt bzw. auch durch Aktivitäten im Freien, durch Meditation und alles, was Spaß macht, aufladen.

Die Farbe Grün in der Aura
Führer/Lehrer, Organisator, Heiler

Die Menschen mit einer grünen Aura, die ich in den vielen Beratungen hatte, sind entweder sehr naturverbunden, das heißt sie gehen gerne in die Natur, oder sie haben mit natürlichen Heilmethoden zu tun. Viele von ihnen arbeiten mit den Händen. Sie sind Masseure, arbeiten mit Reiki etc., oder sie arbeiten in einem sozialen Beruf, beispielsweise als Kindergärtnerin oder Krankenpflegerin.

Menschen mit einer grünen Aura gelten als herzlich, liebevoll und voller Mitgefühl. Sie sind sehr harmoniebedürftig, offen und sozial eingestellt. Sie sind auch sehr sicherheitsbewusst.

Ist die Farbe dunkel oder trüb, schätzen sie ihre eigenen Fähigkeiten und ihre Bedürfnisse nicht in der richtigen Form. Durch ihre Offenheit und die Neigung, anderen zu viel zu helfen, verausgaben sie sich schnell und geraten in Stress sowie vernachlässigen ihre wahren Bedürfnisse. Daraus kann Unmut entstehen. Schmutziges Grün kann auch Krankheit ankündigen. Viele grünbetonte Menschen haben auch Verlustängste und können ihre Lieben schwerer loslassen als andere. Im Berufsleben steigt schnell die Angst auf, schlechter als andere zu sein und zu versagen. Für viele "grüne" Menschen ist die Arbeit am Selbstwertgefühl empfehlenswert.

Grüne Menschen haben Erfolg, wenn sie ihren Selbstausdruck zur Geltung bringen bzw. leben können und wenn es ihnen gelingt, für Ausgeglichenheit und Harmonie zu sorgen.

Sie können ihre Lebensenergie gut durch den Aufenthalt bzw. auch durch Aktivitäten in der

Natur, mit Tieren, durch Spiele, Sport und Kommunikation aufladen.

Die Farbe Blau in der Aura
Helfer, Führer

Blau ist eine Farbe, die Ruhe und Frieden ausstrahlt. Menschen, die einen hohen Blauanteil in der Aura haben, sind in der Regel in einer führenden oder leitenden Position tätig. Das können Lehrer, aber auch Abteilungsleiter und Teamleiter sein – oder auch Positionen, in denen die Menschen viel Verantwortung tragen. Sie helfen und unterstützen gerne, machen sich gerne nützlich, sind fürsorglich und unterstützend und lassen andere an ihrem Wissen teilhaben. Auch erzieherische oder therapeutische Berufe fallen hier mit hinein. Blaue Menschen sind voller Mitgefühl und lieben es friedvoll, aber sie wünschen sich auch, dass sie geschätzt und geliebt werden.

Ist die Farbe dunkel oder trüb, besteht die Gefahr, dass sie sich zurückziehen, depressive Verstimmungen haben und antriebslos sind. Oft geht dies auf Autoritätsprobleme zurück. Ihr Selbstausdruck ist blockiert, sie haben also Angst, sich auszudrücken, und blockieren damit auch ihre eigene Entwicklung. Wenn sie lernen, ihre eigene Autorität anzunehmen und zu leben und sich auf ihre Führung zu verlassen, können sie das Vertrauen in sich finden. Wer sich mit dem Gesetz der Resonanz oder auch mit dem Spiegelgesetz vertraut macht, erkennt schnell, was ihm seine Umwelt aufzeigt und wo seine Entwicklungschancen stecken. Durch diesen Erkenntnisprozess können besonders blaue Menschen eher zu Gelassenheit und einem "Urvertrauen" finden und sich auf ihr Leben einlassen.

Blaue Menschen haben Erfolg – abhängig davon, wie sehr sie etwas lieben oder geliebt werden. Sicherheit und Gerechtigkeit sind ihnen sehr wichtig. Sie achten auf ihre Gefühle.

Sie können ihre Lebensenergie gut durch den Aufenthalt bzw. auch durch Aktivitäten in der Natur, bei Meditationen und ruhiger Musik aufladen.

Die Farbe Indigo in der Aura
Spirituell Suchende(r)

Menschen mit einer indigofarbenen Aura haben eine gute Intuition und oft sogar seherische Fähigkeiten. Sie ziehen Menschen an, die Heilung brauchen. Sie sind klar, ruhig und wirken oft in sich gekehrt, da sie auch nach innen schauen. Sie sind oft sehr sensibel.

Ist die Farbe dunkel oder trüb, haben diese Menschen Probleme, sich abzugrenzen, oder die Neigung, ihre seherischen Fähigkeiten zu sehr auf die "dunklen" und negativen" Dinge zu richten. Hier fehlt es noch an seelischer Reife, und die Seelenarbeit kann eine wirksame Hilfe sein. Sie brauchen einen Weg, um mit der Umwelt und dem Weltgeschehen gut klarzukommen und eine Demut gegenüber allem, was ist, zu entwickeln.

Menschen mit Indigo in der Aura haben Erfolg, wenn sie Liebe und Spiritualität leben können und in Verbindung mit ihrem Höheren Selbst stehen. Manchmal sind sie auch im spirituellen Stolz gefangen und glauben, über allem zu stehen, alles zu wissen, was dann dazu führen kann, dass ein Ereignis auf sie zukommt, das alles, was sie gemacht haben, infrage stellt, damit sie wieder in die Balance kommen und weg vom Stolz, der sie auf andere herabsehen lässt.

Sie können ihre Lebensenergie meist gut durch Musik, Meditation und die Arbeit mit ihrem inneren Kind und ihrem Hohen Selbst aufladen.

Die Farbe Violett in der Aura
Erfinder, Visionär

Wer einen hohen violetten Farbanteil in der Aura hat, lebt meist selbstlose Liebe und gehört oft zu den Visionären, was für viele Erfinder unabdinglich ist.

Ist die Farbe dunkel oder trüb, so neigen diese Menschen zu Tagträumereien und fühlen sich schutzlos und/oder sind zu wenig geerdet. Sie müssen lernen, das irdische Leben zu lieben, und ihren Willen stärken, hier ein erfülltes Leben führen zu wollen.

Violette Menschen haben Erfolg, wenn sie ihre Vision leben und andere Menschen damit erreichen, denen sie etwas geben bzw. beibringen können.

Sie können ihre Batterien durch Meditationen, Körper/Geist/Seele-Techniken und Musik aufladen.

Die Farben Weiß und Schwarz

Immer wieder erlebe ich Diskussionen um die Farben Weiß und Schwarz. Bei mir zeigt Weiß entweder eine starke spirituelle Verbindung an oder aber auch Krankheit, wenn es sich eintrübt. Schwarz zeigt mir Energiestau, Krankheit oder Schmerz an. Interpretieren Sie die Farben so, wie es sich für Sie richtig anfühlt, es liegt mir fern, Ihnen meine Meinung aufzudrücken.

Positionen der Farben

Kopfbereich

Taucht eine Farbe im Kopfbereich auf, so zeigt sie, welche Erfahrungen diese Person gerade macht, wie sie ihre Situation erlebt, über was sie nachdenkt, was ihr jetzt gerade wichtig ist.

Wenn ich meinen Kopfbereich vor einer weißen Wand im Spiegel ansehe, kommen meist bis zu drei Farben in Schichten. Die dem Kopf am nächsten liegende Farbe zeigt mir das an, was gerade die größte Rolle spielt.

Bauch-/Herzbereich

Im Bauch-/Herzbereich zeigt die Aura eher den Gefühlsausdruck an, wie man mit Gefühlen umgeht, wie man sie innerlich bewusst erlebt und auch ausdrückt. Diese Bereiche kann man noch einmal unterscheiden lernen. So zeigt der Herzbereich die tiefsten innersten Gefühle an, ob man sie kontrolliert oder fließen lässt. Im Bauchbereich dagegen liegen eher die Emotionen, also die Art, Gefühle auszudrücken. An den vorherrschenden Farben hier kann man ableiten, ob Emotionen eher gelebt oder unterdrückt werden.

Beine/Füße

Die Farben in der Region der Beine zeigen, wie man seine Fähigkeiten auf die Erde bringt, also wie gut man seine Visionen im Alltag verwirklichen kann beziehungsweise welche Visionen oder Kräfte man gerade im Alltag umsetzt.

Linke und rechte Körperseite

Die linke Körperseite zeigt an, was die Person von außen aufnimmt beziehungsweise wie sie die Eindrücke innerlich berühren, wie sie innerlich darauf reagiert. Sie zeigt an, wie Sie Menschen empfinden, mit denen Sie in Kontakt sind. Die linke Körperseite ist die weibliche und introvertierte Seite. Die dort erscheinenden Farben zeigen an, was von der Person angestrebt wird, was sie annehmen wird.

Daher kann man die Farben der linken Seite auch als Projektion der Zukunft ansehen. Sie zeigt an, was auf die Person zukommt, auch wenn diese sich dessen nicht bewusst ist. Wir alle haben unzählige Gedanken, verbunden mit unbewussten Gefühlen. Man sagt, dass wir im Durchschnitt 95 bis 98 Prozent unbewusst sind und nur mit 2 bis 5 Prozent bewusst und im Hier und Jetzt leben. Wer Bücher über die Erschaffung der Realität, das Gesetz der Resonanz oder Wunscherfüllung gelesen hat, hat sicher schon davon gehört, wie Gedanken – auch die unbewussten – erschaffen.

Die rechte Körperseite ist die extrovertierte, männliche, die unser Tat- und Durchsetzungsvermögen anzeigt. Die rechte Seite zeigt an, wie wir auf andere und nach außen hin wirken, was wir ausstrahlen und wie wir handeln. Manchmal zeigt sich auf der rechten Seite die Energie verdickt, als würde sie sich stauen. Dies deutet auf Blockaden hin, die aus Erfahrungen mit der männlichen Ahnenreihe resultieren.

Ich erlebe diese Blockade sehr oft, wenn Personen tiefe innere Verletzungen oder Konflikte im Leben erleben, die aus einer Blockade mit dem Vater resultieren. Es kann auch schon mal mit dem Bruder oder Großvater zusammenhängen, beispielsweise wenn diese an der Erziehung mitgewirkt haben. Wenn mir die Kunden berichten, dass sie Stress mit dem Bruder hatten, an den sie sich erinnern können, kann dies jedoch trotzdem einen unbewussten Konflikt zum Vater anzeigen. Vielleicht hat man sich nicht unterstützt gefühlt in der Situation oder sogar zurückgesetzt, weil der Vater den Bruder bevorzugt hat. Ich persönlich komme hier mit dem Aurasehen an meine Grenzen und kann unterstützend auf die Radiästhesie zurückgreifen, meist lässt sich die Ursache in einem persönlichen Gespräch auffinden. Manchmal hilft es auch, sich zu fragen, ob der Vater sehr autoritär war oder diese Rolle gar nicht übernommen hat. Dann hat man entweder nicht gelernt, eine eigene und gesunde Autorität zu leben, weil sie sofort unterdrückt wurde, oder man hat es nicht gelernt, weil man kein Vorbild hatte. Bleibt so eine dicke Energiewolke über Jahre, entwickelt man auf dieser Körperseite eher Symptome. Ich bringe mich an dieser Stelle wieder als eigenes Fallbeispiel ein. Ich selbst habe mich schon immer schnell untergeordnet, aus Angst vor männlicher

Autorität. Mein Vater war sehr lieb, aber er hat Grenzen gesetzt, um mir klar zu vermitteln: "Sabine – bis hierher und nicht weiter!" Das hatte zur Folge, dass ich auch später immer wieder den Rückzug antrat, wenn jemand mir gegenüber sehr autoritär auftrat. So auch eine Reitlehrerin. Ich bin viele Jahre geritten, nicht unfallfrei, aber ohne mir einen körperlichen Langzeitschaden einzuhandeln. Sie forderte mich im Rahmen einer Prüfung auf, mit einem Pony (Endmaß) mit großen Pferden zusammen loszugaloppieren. Ich wusste, dass der Ehrgeiz meines Ponys darin bestand, mit den Großen mitzuhalten, und das würde leichter sein, wenn es sich meines Gewichtes entledigte. Meine Bedenken wies sie schroff ab. Ich wollte den ganzen Reitbetrieb nicht länger aufhalten und ließ mich darauf ein. Es kam, wie gedacht! Das Pony buckelte mich mit aller Hartnäckigkeit von sich herunter, und ich fiel so unglücklich auf meinen Ellenbogen, dass es eine sehr lange Krankheit wurde. Mehrere OPs und am Ende doch noch ein leicht schiefer Arm, der mir ein Jahr viele Schmerzen und Einschränkungen brachte und auch heute noch nicht zu 100 Prozent wiederhergestellt ist. Aber fast, und ich bin froh darüber. Dieser

Arm erinnert mich auch heute immer noch an mein Muster, dass es da zu heilen gilt! Die Erinnerung daran lässt mich heute achtsamer sein, und ich achte daher mehr darauf, wie ich auf Autorität reagiere. Ich arbeite daran, diese in gesunder Weise in mir zu entwickeln. Ich sehe es als Lebensaufgabe an, der es sich zu widmen gilt. Nüchtern betrachtet hatte ich aber auch früher schon Knieschmerzen, und zwar rechts. Zysten – auch rechts! Ein Kahnbeinbruch in der Hand – rechts! Es ist bei mir also fast immer die rechte Körperseite. Genauso kann solch eine Verdichtung auch auf der linken Seite auftreten, im unglücklichsten Fall auf beiden Seiten.

Die linke Seite betrifft die weibliche Ahnenreihe. Dies kann beispielsweise anzeigen, dass die Mutter ihre weibliche Seite, die sanfte und empfangende, nicht gelebt hat. Vielleicht hat sie mehr den männlichen Part übernommen. Es kann sein, dass man ohne die leibliche Mutter aufgewachsen ist oder es ständig Konflikte mit ihr gab. Oder sie war einfach nicht für ihr Kind da, wie man es als Kind erwartet hätte. Haben diese Menschen diese Energieverdickung, so haben sie meist mehr Probleme, ihre wahren Gefühle wahrzunehmen. Sie versuchen verzweifelt, sich auf ihren Kopf zu verlassen und zu analysieren. Andere gehen von Therapie zu Therapie und kommen zurück und sagen, dass das alles nichts nützt. Sie haben weniger Zugang zu ihrem Körpergefühl. Sie können auch bei Methoden wie Reiki (eine Methode des Handauflegens) nichts fühlen. Sie gehen dann nach einiger Zeit, weil sie einfach kein Gefühl dafür zu haben scheinen, wann sie die Hände auf eine andere Körperposition legen sollten. Es fällt ihnen schwer, Ratschläge anzunehmen, da die linke die annehmende Seite ist. Ihnen fehlt sehr oft auch das intuitive Verstehen. – Verstehen Sie mich nicht falsch, es muss nicht zwangsweise so sein, dass man diese Blockade hat, wenn man sich an viele Konflikte mit seiner Mutter erinnert. Wenn ein Kind die Möglichkeit gefunden hat, sich an einer anderen weiblichen Bezugsperson zu orientieren, weil es schon sehr früh von dieser gefördert wurde, muss es nicht zwangsweise dazu kommen, dass man nicht intuitiv ist oder kein Körpergefühl hat. Manchmal zeigt es sich auch darin, dass man einfach nicht der "kuschelige" Mensch ist – oder man hat Hemmungen, körperliche Nähe zuzulassen. Ich möchte an dieser Stelle auch kein Psychologiebuch schreiben, da ich nicht über eine entsprechende Ausbildung verfüge, aber die vielen hundert Auraberatungen haben mir diese Sachverhalte immer wieder bestätigt, so dass ich daran selbst keine Zweifel mehr habe.

Hat die Person eine verdichtete Energiewolke im Kopfbereich, weist dies meist darauf hin, dass sie gerade sehr viele Gedanken im Kopf hat, womöglich neigt sie dazu, zu viel zu grübeln.

Interessant wird diese Farbenlehre auch dann, wenn wir uns darin als Unternehmer oder als Kunde wiederfinden.

Der rote Unternehmer punktet durch Willensstärke, Entschlossenheit, eine schnelle Auffassungsgabe, Mut und Überzeugungskraft. Er ergreift Chancen. Er muss lernen, Leute nicht zu überrennen und zu überfordern, ihnen Zeit zu lassen und nicht zu viel Druck auszuüben. Er muss lernen, sich in andere Menschen hineinzuversetzen. Beim Einkaufen ist der rote Mensch überredend, überzeugend, knallhart verhandelnd. Er entscheidet schnell und lässt sich nicht in seine Entscheidung hineinreden. Als Kunde muss er überzeugt werden. Er muss den klaren Nutzen des Produktes verstehen, und hier sind z. B. Referenzen eine sinnvolle Hilfe für die Überzeugungsarbeit. Man kann ihn mit Argumenten wie Ersparnissen leichter gewinnen. Auch Studienergebnisse können ihn überzeugen. Der rote Mensch zieht Vergleiche, und seine Motivation ist oft: schneller, weiter, höher.

Der orangefarbene oder orangegelbe Unternehmer punktet durch Begeisterungsfähigkeit sowie seine freundliche und nette Art. Der eher Gelbe ist pünktlich und gut vorbereitet, der Orangefarbene kommt auch schon mal ein paar Minuten zu spät und improvisiert aber so charmant und überzeugend, dass die Improvisation nicht auffällt. Orange liebt beim Einkaufen Spontankäufe, ist kreativ mixend, nicht festgefahren, gibt leicht Geld aus und kann andere gut beraten. Die Qualität ist eher zweitrangig. Gelb rechnet genau, liebt Struktur und neigt unter Umständen auch eher mal zu konservativen Einkäufen.

Der grüne bis grünblaue Unternehmer muss lernen, bei Gesprächen die Zügel in der Hand zu behalten und oft viel Angst überwinden. Er muss lernen, seine Emotionen zurückzuhalten und keine Anerkennung zu erwarten. Beim Einkaufen ist ihm Qualität wichtig, er weiß auch genau, was er braucht, und kauft nichts anderes. Er unterstützt gerne andere beim Einkaufen.

Indigo- oder violettfarbene Unternehmer dürfen nicht zu penibel sein, sich nicht zu sehr in Kleinigkeiten verlieren. Als Einkäufer schreiben sie Einkaufslisten, sind sparsam und können sich schwer entscheiden. Die Qualität ist ihnen sehr wichtig.

Erfahrungen mit Farbkombinationen

Ich hatte als Kunden einen Zahnarzt, der dem Spirituellen gegenüber sehr aufgeschlossen war. Seine Aurafarben wechselten immer zwischen Blau, Gelb und Grün sowie Violett, Grün und Blau. Die blaue Farbe in der Aura spiegelte seine Führungsqualitäten wider, seine Begabung, andere anzuleiten, sie etwas zu lehren – verbunden mit Gelb, was als ideenreich und analytisch gilt, eine hervorragende Kombination. Diese Kombination findet sich im Allgemeinen sehr oft bei Führungskräften, meist im Büro oder im IT-Bereich. Da Grün auch sehr stark hineinspielte, was bedeutet, dass für ihn Heilarbeit und der soziale Aspekt bei der Arbeit sehr wichtig sind, auch das Helfen im Allgemeinen, war der Beruf optimal für ihn. Der spirituelle Aspekt der violetten Farbe wurde im Privaten mehr gelebt, aber auch in seiner Art, feinfühlig und fair mit seinen Patienten und Angestellten umzugehen. An seinen Chakren sah man, dass er Schwierigkeiten hatte, sich abzugrenzen; er ging sehr oft über seine Grenzen hinaus und hatte Probleme, NEIN zu sagen. Dies äußerte sich dann in einem schon zu großen Arbeitsvolumen.

Ein anderes schönes Beispiel, das zeigt, wie vielfältig die Aurainterpretation sein kann, war das Bild einer Künstlerin. Normalerweise zeigt sich die Aura einer Malerin und Künstlerin, die das beruflich macht, in sehr bunten Tönen, wie zum Beispiel in Grün, Orange, etwas Gelb, Rosa, manchmal noch etwas Blau, wenn sie in der Kunsttherapie arbeitet. Bei meiner Kundin war sie violett, teilweise weiß. Ich war erstaunt. Es stellte sich heraus, dass sie ihre Bilder intuitiv von der geistigen Welt empfängt. Der Unterschied zu anderen Künstlerinnen war, dass die anderen die Idee erst im Kopf hatten oder auf einen Auftrag hin malten, während sie vorher nicht wusste, was für ein Bild entstehen würde, oder sie hat es in einer Meditation empfangen. Damit fiel die Farbe Orange für das Kreative sowie Gelb für das Analytische und Ideenreiche raus, auch das Grün für die Heil- oder soziale Arbeit. Bei ihr stand das Spirituelle im Vordergrund, ihre Energiebilder, daher das viele Violett in der Aura. An diesem Beispiel sieht man auch: Ohne die Mitarbeit des Klienten lässt sich nur schwer ein Beruf oder eine Berufung anhand eines Aurafotos zuordnen, da die Möglichkeiten innerhalb der einzelnen Farbspektren sehr viel Interpretationsspielraum zulassen.

Ein anderer Kunde hatte eine von der Optik her wunderschöne Aura in den Farben Dunkelblau, Violett und Weiß. Weiß kann sowohl auf eine hohe Spiritualität bis Transzendenz hindeuten als auch auf Krankheit. Dunkelblau zeigt die Möglichkeit von depressivem Verhalten an. Violett zeigt eine hohe Sensibilität. Aufgrund von Blockaden aus der Kindheit war der Kunde nicht in der Lage, seine Spiritualität zu leben und seine Blockaden aufzuarbeiten, er ertränkte seinen Kummer im Alkohol, er war Alkoholiker.

Eine Kindergärtnerin hatte eine grüne Aura mit etwas Blau. Auch das passte sehr gut, denn die grüne

Aura gibt ihre soziale Ader, den Wunsch zu helfen wieder, Blau dagegen den Wunsch, anzuleiten, zu unterrichten.

Bei Heilpraktikern hatte ich schon die Farbkombination Orange/Grün, aber auch Orange/Gelb. Der eine hat mehr in Richtung Handauflegen (Grün) gearbeitet, der andere mehr analytisch (Homöopathie).

Eine Erzieherin zeigte hohe Indigo- und Violett-Anteile. Sie war oft überfordert, denn sie hätte gerne mehr ihre Sensibilität gelebt, was im Alltag jedoch nicht möglich war. Auf der anderen Seite hatte sie viel emotionale Empathie und ein gutes Gespür für die Bedürfnisse der Kinder. Zu schaffen machte ihr, dass sie auf die Abläufe in der Institution sowie auf die Eltern so wenig Einfluss hatte.

Exkurs: Die Chakren

Vielleicht zeigen sich Ihnen auch die Chakren, wenn Sie das Aurasehen und -lesen üben. Daher finden Sie nachstehend noch einige Informationen zu den sieben Hauptenergiezentren des Körpers, den Chakren, die an der Längsmittelachse unseres Körpers angesiedelt sind. Das Bild hier ist dabei nicht entscheidend und soll lediglich eine Unterstützung für die innere Programmierung sein, Chakren in diesen Körperbereichen zu erkennen.

Ein Chakrenbild finden Sie im Farbteil, Abbildung 8, Seite 184.

Es gibt auch bei der Wahrnehmung der Chakren immer mal wieder unterschiedliche Eindrücke, was die genaue Lage und auch die Farbzuordnungen angeht. Nehmen Sie das, was für Sie stimmig ist. So las ich einmal in einem Buch, dass die Autorin das Wurzelchakra weiß, das Sakralchakra violett und so weiter wahrnimmt. Ich kannte nur die Zuordnung der Farbe Rot für das erste Chakra, das Wurzelchakra;

für das zweite, das Sakralchakra, war mir Orange bekannt ... Das war eine ganz neue Perspektive für mich. So geben die einen dem Herzchakra die Farbe Grün, andere sehen es in Rosa. Das Dritte Auge wird meist als violett beschrieben, aber auch als indigoblau. Und das Kronenchakra mal als violett, dann wieder als weiß. Sie sehen, es geht hierbei um die eigene Wahrnehmung. Ich selbst sehe die Chakren noch nicht immer so klar wie die Aurafarben, aber ich habe gelernt, inneren Impulsen und Informationen bezüglich der Chakren zu vertrauen, was eine Auralesung unterstützen kann.

Mein Wissen, das ich mir angeeignet habe, möchte ich Ihnen daher nicht vorenthalten. Mit jedem Buch, das ich in den letzten 19 Jahren las, kamen Informationen dazu, aber ich erhebe auch hier keinen Anspruch auf Vollständigkeit.

Die Chakren sind immer bestimmten Drüsen und Organen zugeordnet, auch unseren verschiedenen Sinnen. Hierauf habe ich in meinen Auflistungen verzichtet, es gibt genug Literatur dazu, oft auch widersprüchlich. Wer im medizinischen Bereich arbeitet, kann selbst sehr gut nachvollziehen, welches Chakra in diesem Bereich liegt, wer in medizinischen Belangen nicht so fit ist, sollte sowieso auf Diagnosen aller Art verzichten.

Anhand der Beschreibungen können Sie beim Lesen der Chakren auf einen Pool an Informationen zugreifen, auch was es bedeuten kann, wenn ein Chakra ausgeglichen oder unausgeglichen ist. So haben Sie Anhaltspunkte, um das Gesehene mit Ihrem Übungspartner oder Klienten zu besprechen und zu schauen, wo er seine Herausforderungen in seinem Leben findet.

Gehen Sie beim Chakrenlesen genauso vor, wie Sie es mit den Aurafarben versucht haben. Schauen Sie, was sich Ihnen zeigt, wenn Sie sich auf die Chakren konzentrieren.

Wurzelchakra: Rot
Sitz: am unteren Ende der Wirbelsäule, auf Höhe des Steißbeins

Das Wurzelchakra versorgt die Organe und Drüsen in seiner Region, also vorwiegend den unteren Bereich unseres Körpers, mit Lebensenergie. Wenn ich "vorwiegend" schreibe, dann hat das den Grund, dass es nicht nur exakt diesen Körperbereich betrifft. Da es zuständig ist für alles Feste im Körper, also auch für Knochen und Zähne, hat eine disharmonische Funktion des Wurzelchakras daher auch Auswirkungen auf andere Körperbereiche.

Das Wurzelchakra hat mit unserer Überlebensfähigkeit zu tun. Wenn wir das Gefühl von Fülle in unserem Leben haben und materiell abgesichert oder auch nur der Überzeugung sind, immer gut versorgt zu sein, können wir auch großzügig sein. Dies ist ein Indiz für ein ausgewogenes Wurzelchakra. Das bedeutet nicht, dass jemand, der materielle Besitztümer sammelt und stark danach strebt, ein ausgeglichenes Wurzelchakra hat. Im Gegenteil: Wer zuversichtlich ist, was seine materielle Versorgung angeht, ist nicht auf diese Fülle fixiert, er weiß, dass er in Fülle lebt oder leben wird, und hat keine Existenzängste. Er weiß um seine inneren Werte, und diese geben ihm die notwendige Sicherheit. Weiterhin steht das Chakra in Bezug zu unserem Selbstbild, also dem Bild, das man selbst von sich hat und an das oft auch Erwartungen geknüpft sind, an denen man immer wieder scheitert. Auch unsere Lebenshaltung ist im Wurzelchakra zu erkennen. So finden sich bei einem ausgeglichenen Wurzelchakra gute Wohnverhältnisse und gute Beziehungen zur Arbeit. Es ermöglicht uns auch, praktisch zu handeln.

Das Wurzelchakra ist der Erde am nächsten. Es hat daher den stärksten Bezug zum Körperlichen, Festen, Grobstofflichen. Ich bin der Meinung, dass wir uns spirituell nur dann harmonisch entwickeln können, wenn wir einen guten Bezug zu unserem Körper haben. Viele Menschen haben zu spirituellen Dingen eine gute Einstellung, zu materiellen und damit auch körperlichen dagegen eine eher schlechte. Stimmig wird es, wenn man sowohl das Materielle und Körperliche als auch das Spirituelle in gleichem Maße wertschätzt und vereint. Denn sonst wären wir nicht in körperlicher und damit materieller Form mit dem geistigen Aspekt hier auf der Erde. Wir haben so die Möglichkeit, durch das Körperliche das Geistige zum Ausdruck zu bringen und die Materie mit unserem Geist zu durchdringen. Wie oben bereits erwähnt, hat das Wurzelchakra den engsten Bezug zu den festen Bestandteilen unseres Körpers. Ein gesunder Körper gibt uns die Möglichkeit, aktiv zu werden, zu handeln und Dinge umzusetzen. So haben wir im Laufe des Buches auch schon erfahren, dass unsere Gedanken unser Energiesystem beeinflussen. Handeln wir aus Angst nicht, so kann es passieren, dass wir irgendwann wirklich handlungsunfähig werden, weil die Energien unseren Bewegungsapparat blockieren.

Ausgeglichen:
- Vitalität
- Aktivität
- ausgeglichene Sexualität
- Stabilität
- körperliche Kraft und Stärke
- Freude, einen Körper zu haben
- Durchsetzungskraft – es fällt leicht, die eigenen Ziele zu verwirklichen
- Sicherheit
- Erdverbundenheit, die Erde als Heimat lieben, Erdung
- Urvertrauen

Unausgeglichen:
- Überlebensangst, Existenzangst
- sexuelle Störungen
- zu hohe Risikobereitschaft
- Kampfbereitschaft
- Schwierigkeiten, Struktur ins Leben zu bekommen, oder zu starre Strukturen
- wirres Reden
- Probleme, offen zu geben und zu empfangen
- Versuch, Besitz und Sicherheit anzuhäufen, um die (oft unbewusste) Existenzangst zu schmälern
- Ausrichtung auf Genüsse und sinnliche Reize
- Handlungen vorrangig zur Befriedigung eigener Bedürfnisse
- Wut, Ärger als Verteidigungsmechanismen aufgrund von mangelndem Urvertrauen
- Das Dasein auf der Erde wird als Belastung empfunden, man würde sich gerne in andere Sphären flüchten, daher auch Fluchtverhalten mit Drogen, Essen, Alkohol, Sex oder Konsum.

- Schwierigkeiten loszulassen (zum Beispiel Materielles, Lebewesen, die uns ans Herz gewachsen sind und versterben)

Sakralchakra: Orange
Sitz: etwa zwei Fingerbreit unter dem Bauchnabel

Dem Sakralchakra wird alles Flüssige im Körper zugeordnet, wie Lymphe, Blut und auch wieder die Organe und Drüsen in seiner Region.

Das Sakralchakra ist der Sitz der Emotionen und Gefühle. Wer Schwierigkeiten hat, sich seiner wahren Gefühle bewusst zu werden, wer ständig Schwierigkeiten in zwischenmenschlichen Bereichen hat, wen Schuldgefühle hemmen oder die Angst vor Verletzung, Isolation oder Zurückweisung, der sollte nach seinem Sakralchakra schauen. Das Sakralchakra ermöglicht es uns, in tiefen Kontakt mit unseren Gefühlen zu kommen. Es steht auch in Verbindung mit der Sexualität. Hier geht es jedoch weniger um die Sexualität als Urvertrauen zum Dasein und als Wunsch nach dem Erhalt der Art, also Nachkommen, sondern vielmehr um die Erfüllung und das Glück, welche dabei empfunden werden.

Haben Frauen Probleme in diesem Körperbereich, zum Beispiel mit der Gebärmutter, kann es sein, dass sie sich eingeengt fühlen.

Ausgeglichen:
- Zufriedenheit
- klare Emotionen und Gefühle
- Sinnlichkeit
- erfüllte Sexualität
- Beziehungsfähigkeit
- Lebensfreude
- Kreativität (Dabei geht es nicht nur um gestalterische Dinge, wie Malen oder Basteln, es geht auch darum, wie wir unser Leben kreieren.)
- Nahrungsaufnahme, die Lebensenergie spendet
- Das Leben begeistert immer wieder aufs Neue.
- Sinn für Schönheit (auch wenn jeder hier seine eigene Vorstellung hat)

- inneres Gefühl von Freiheit
- Mitgefühl
- Gespür für körperliche und menschliche Bedürfnisse

Unausgeglichen:
- Eifersucht
- Einsamkeit
- emotionaler Stress
- fehlende Lebenslust
- Angst vor Nähe
- übermäßige oder abgelehnte Sexualität
- evtl. sogar Höhenangst oder Flugangst
- vermindertes Körpergefühl
- Das Leben erscheint trist.
- Verlust an Unbefangenheit
- wenig Selbstwertgefühl
- Gefühl, eingeengt oder unfrei zu sein
- Schuld- und Schamgefühle

- mangelnde Kreativität (Dabei geht es nicht nur um gestalterische Dinge, wie Malen oder Basteln, es geht auch darum, wie wir unser Leben kreieren.)
- Unfähigkeit, loszulassen in Form von Vergebung (sich selbst und anderen)
- mangelndes Mitgefühl
- mangelndes Gespür für körperliche und menschliche Bedürfnisse

Solarplexus: Gelb
Sitz: etwa zwei Fingerbreit über dem Bauchnabel

Wer über einen ausgeglichenen Solarplexus verfügt, verfügt gleichfalls über reichlich Selbstkontrolle und Selbstachtung. Er steht zu sich und seinen Ansichten, ohne das Bedürfnis zu haben, andere von sich und seiner Meinung überzeugen zu müssen. Wer sich selbst dabei entlarvt, dass er eifersüchtig ist oder Angst hat, ausgenutzt zu werden, sollte seinen Solarplexus heilen. Er leidet an mangelndem Selbstwertgefühl.

Die Fähigkeit, sich abzugrenzen, seine Wertvorstellungen zu vertreten und nicht manipulierbar zu sein, zeugt von einem gesunden Solarplexus. Der Betroffene nimmt die Kraft und Macht, die er über sein Leben hat, deutlich wahr. Er nimmt seinen Raum in der Gesellschaft ein und füllt ihn aus. Wer einen ausgeglichenen Solarplexus hat, manipuliert andere nicht. Hier ist Macht nicht als Herrschaft über etwas oder jemanden zu verstehen. Macht bezeichnet hier vielmehr die Fähigkeit, die Kontrolle über sich und sein Leben zu haben und eine natürliche Kraft auszustrahlen. Diese Menschen erscheinen zentriert und lassen sich von anderen nicht bemächtigen. Sie empfinden sich als freie Persönlichkeit und erlauben sich, das zu sein, was sie sein möchten. Genauso werden sie nie andere Menschen ihrer Freiheit berauben.

Der Solarplexus macht unser Bauchgefühl aus. Über ihn nehmen wir auch Schwingungen anderer Menschen auf. Fühlen wir uns in Gegenwart von Menschen schlecht, haben wir das Gefühl, dass sich unser Bauchgebiet zusammenzieht, so haben wir es noch nicht geschafft, eine natürliche Abgrenzung auszustrahlen. Je mehr wir jedoch um unsere Macht und Kraft wissen, umso mehr strahlen wir nach außen und umso weniger nehmen wir von den uns vermeintlich schwächenden Energien wahr oder auf.

Ausgeglichen:
- selbstbewusste Persönlichkeit
- Macht über das eigene Leben fühlen und damit verbunden auch entsprechender Mut
- Unabhängigkeit
- innere Harmonie
- Selbstakzeptanz
- Akzeptanz anderer, wie sie sind
- Individualität (Entfaltung der Persönlichkeit)
- Fähigkeit des Analysierens und Erfahrungsverarbeitung
- Fähigkeit zur Verarbeitung von Gefühlen und Erlebnissen
- Fülle und Weisheit aus Erfahrung
- Selbstkontrolle
- Verantwortungsbewusstsein
- innere Zufriedenheit

- innere Ruhe
- Zentriertheit und Entscheidungsfähigkeit, auch bei Stress und Druck von außen

Unausgeglichen:
- Abhängigkeit oder Abhängigkeitsgefühle
- Ängstlichkeit
- Entscheidungsunfähigkeit
- Ohnmachtsgefühle, sich hilflos ausgeliefert fühlen
- Ängste
- Schuldgefühle
- Machtmensch, Machtstreben, um Kontrolle über andere zu erlangen
- "Graue-Maus-Gefühl" – Gefühl, nicht gesehen oder geachtet zu werden
- Niedergeschlagenheit
- Mutlosigkeit
- übertriebene Angepasstheit, um Anerkennung zu bekommen
- Angst, Anerkennung zu verlieren

- Gefühle und Selbstausdruck werden zurückgehalten
- ungewohnte Erfahrungen machen Angst
- Überforderung
- Kontrollwahn
- Opferdasein
- Fanatismus – das kann auch den Fanatismus nach Vollkommenheit beinhalten und dies geht dann über in ...
- Stolz und die Überzeugung, tadellos und unfehlbar zu sein.

Herzchakra: Grün
Sitz: auf Höhe des Herzens

Menschen mit offenem Herzen, einem ausgeglichenen Herzchakra, erleben wir offen, herzlich und großzügig. Sie strahlen Gefühlswärme und Geborgenheit aus. Sie kümmern sich gut um sich selbst, sie lieben sich bedingungslos und sorgen dafür, dass es ihnen gut geht. Sie sorgen für Harmonie oder ein harmonisches Umfeld und haben dafür ein gutes Gespür. Nur wer sich selbst liebt, kann andere lieben.

Ein ausgeglichenes Herzchakra ermöglicht es auch, bedingungslose Liebe für andere zu empfinden, und sorgt für Mitgefühl und Verständnis. Sich selbst anzunehmen und zu akzeptieren - in allen Facetten -, kann tiefe Heilung bewirken. Und wir wissen, wie wohl wir uns fühlen, wenn wir uns von anderen angenommen und akzeptiert fühlen - und dies kann auch Heilung bei anderen unterstützen. Wir alle fühlen uns wohl, wenn wir herzlich empfangen werden. Wo bedingungslose Liebe ist, haben Leid und Schmerz keinen Platz. Sie ist so kraftvoll, dass sie nicht verletzbar ist. Diese tiefe Liebe erlaubt es uns, die tiefen Wunden der Dualität zu heilen, die durch unsere Bedürftigkeit und Abhängigkeit in den ersten Lebensjahren verursacht wurden. Ein offenes Herz weiß, dass alles mit allem verbunden ist, und kann deshalb aus vollem Herzen vergeben und lieben.

Ausgeglichen:
- Liebe ohne Erwartungen - bedingungslose Liebe
- Großzügigkeit
- Selbstlosigkeit

- Zuwendung
- Fürsorge
- Mitgefühl
- mit dem Herzen dabei sein
- Hingabe
- wahre Herzensfreude – Lachen
- Empfinden von Schönheit und Harmonie
- Lebendigkeit
- Wertschätzung (Natur, Personen, Arbeit, ...)

Unausgeglichen:
- Unentschlossenheit
- Ängstlichkeit
- Lieblosigkeit
- Verbitterung
- Kontaktschwierigkeiten
- Beziehungsprobleme
- zurückhaltend
- Gleichgültigkeit
- Distanziertheit

- Gefühlskälte
- Misstrauen
- Härte
- Verschlossenheit
- bedingte Liebe, man erwartet Anerkennung oder Bestätigung
- Unfähigkeit, bedingungslose Liebe anzunehmen, man erwartet einen Haken an der Sache
- Zurückgezogenheit, man glaubt, keine Liebe zu brauchen
- leicht verletzbar
- Abhängigkeit von Liebe und Zuneigung
- mangelnde Wertschätzung für das, was (da) ist

Halschakra: Blau
Sitz: Hals-Nackenbereich

Das Halschakra ist der Vermittler zwischen Kopf und restlichem Körper, es ist ebenso die Brücke zwischen Denken und Fühlen. Über das Halschakra kommunizieren wir unsere Wünsche, Sehnsüchte, Absichten und unsere Wahrnehmungen. Wir kommunizieren über die Sprache, aber auch über unsere Körperhaltung, Mimik und unseren Körperausdruck. So können wir Ideen körperlich umsetzen, aussprechen, wir können Gefühle körperlich zum Ausdruck bringen, indem wir vor Freude in die Luft springen oder vor Wut mit der Faust auf den Tisch schlagen. Wir können Gefühle aber auch niederschreiben, wenn wir unsere Arme und Hände dafür nutzen. Ein ausgeglichenes Halschakra ermöglicht es uns, unsere Bedürfnisse zum Ausdruck zu bringen. Es unterstützt eine wertschätzende Kommunikation und verleiht uns eine sichere, ausdrucksstarke Stimme.

Ausgeglichen:
- gute Kommunikation und guter Ausdruck
- klare Umsetzung von Ideen und Wünschen
- Inspiration
- Offenheit
- Selbstsicherheit gegenüber anderen Menschen

- Ausdruck von Wertschätzung
- offener Ausdruck von Empfindungen, Haltungen und Gedanken
- zum Ausdruck gebrachte Aufrichtigkeit
- volle Stimme
- Man bleibt sich selbst treu.
- Man traut sich auch, nein zu sagen.
- freier, guter Selbstausdruck
- respektvolle Kommunikation
- klare Sprache
- Man liebt es zu kommunizieren.
- Authentizität

Unausgeglichen:

- Kommunikationsmangel
- Die Verständigung zwischen Kopf und Körper ist gestört, man weiß nicht, ob man auf den Kopf oder den Bauch hören soll.
- Entweder es fällt schwer, Gefühle zu reflektieren, oder gestaute Emotionen äußern sich in unbedachten Handlungen.

- Unbewusste Schuldgefühle und Ängste hindern dich daran, dich zu sehen und zu zeigen, wie du wirklich bist.
- Versuch, sich stark zu geben
- Manipulation anderer durch Worte
- Schwierigkeiten, sich auszudrücken und darzustellen
- Übertreibungen im Selbstausdruck oder mithilfe der Sprache
- Unsicherheit gegenüber anderen Menschen
- Angst, sich so zu geben, wie man ist – Unterdrückung des Selbstausdruckes
- Stimme versagt bei Reden oder Vorträgen
- Man sagt nur das, wovon man meint, dass der andere es hören will.
- Klatsch und Tratsch
- harte Sprache
- Körperhaltung und Sprache wirken nicht authentisch
- Angst vor Ablehnung
- Angst vor Kritik

- unfähig, Bedürfnisse und Gefühle mitzuteilen
- Man spielt anderen etwas vor, um das wahre Wesen nicht zu zeigen.
- Sprachstörungen
- gestörter Selbstausdruck

Drittes Auge: Violett
Sitz: zwischen unseren physischen Augen

Das Dritte Auge, auch Stirnchakra genannt, hat Zugang zu dem tiefen Wissen, der allumfassenden Weisheit. Es zeigt an, wie sehr sich ein Mensch auf seine Intuition und außersinnliche Wahrnehmungen verlässt. Das innere Sehen (Hellsehen), die klare innere Wahrnehmung findet hier statt. Dieses Chakra zeigt an, wie weit der Mensch sich davon distanziert, auch ein geistiges Wesen zu sein – oder ob er dieses Wissen integriert und annimmt, mehr als ein körperliches Wesen zu sein. Integriert er diese Annahme, so hilft ihm das dabei, ganzheitliche Erkenntnisse zu finden. Das Dritte Auge gilt als das Tor zur Seele und zu höheren spirituellen Erfahrungen, die jedoch nur harmonisch verarbeitet werden können und realistisch eingeschätzt werden, wenn auch unsere unteren Chakren ausgeglichen sind.

Das Dritte Auge ist im Kopfbereich, von welchem alle unsere Gedanken und Vorstellungen ausgehen. Mit hinein spielen dabei natürlich unsere bewussten oder unbewussten Gedanken und Emotionen. Das Dritte Auge ist der Sitz aller Bewusstwerdungsprozesse. Alle Gedanken mit ihren Gefühlen und Emotionen verwirklichen sich, egal ob bewusst oder unbewusst. Was unbewusst eine starke Emotion in uns auslöst, wird daher genauso zur Realität, und wir erleben uns plötzlich in Situationen, die wir eigentlich vermeiden wollten. Mithilfe des ganzheitlichen Bewusstseins können wir aber auch alte Realitäten auflösen lernen und neue schaffen, weil wir unsere Einstellungen verändern können und so auch andere Emotionen erleben.

Ausgeglichen:
- Intuition – intuitives Erfassen von Dingen
- Vision(en) und Fähigkeit der Visualisierung
- klare Gedanken und Gefühle

- alle Sinne einsetzen, wahrnehmen
- ganzheitliches Verstehen, ganzheitliche Sichtweisen
- Geisteskraft
- Manifestation
- ungetrübte Innenschau
- Telepathie
- Hellsichtigkeit

Unausgeglichen:
- Zwanghaftigkeit
- Kopflastigkeit
- intellektuelle Überheblichkeit
- Mensch lebt über Intellekt und Vernunft, alles wird rational erklärt
- Intoleranz gegenüber allem, was nicht physisch sichtbar oder messbar ist
- spiritueller Stolz, das Gefühl, alles besser zu wissen und steuern zu können
- Leben wird eher von materiellen Wünschen und körperlichen Bedürfnissen bestimmt

- spirituelle Einsichten werden als Einbildung abgetan
- Manipulation von Menschen oder Dingen durch Geisteskraft
- Kopflosigkeit
- Konzentrationsschwäche
- Halluzinationen
- Wahnvorstellungen

Kronenchakra: Weiß
Sitz: über dem Scheitelpunkt des Kopfes, außerhalb des grobstofflichen Körpers

Durch das Kronenchakra sind wir mit dem großen Ganzen, dem Göttlichen, verbunden, wir können uns an unsere höchste Wissensquelle anschließen. Wir sind uns unseres ganzen inneren Potenzials bewusst, was als Erleuchtung bezeichnet wird. Eine bewusste Steuerung dieses Chakras scheint nicht möglich zu sein, jedoch wird berichtet, dass es sich richtig öffnet, wenn alle anderen Chakren harmonisiert sind. Dazu ist es wichtig, ruhig und gelassen zu werden. Denn in der Ruhe, im Hier und Jetzt, nehmen wir uns wirklich wahr. Solange wir keine Ruhe haben, solange wir uns Ängsten hingeben, Druck verspüren, mit unserer Aufmerksamkeit im Außen sind und unser Innenleben nicht mehr wahrnehmen, können wir nicht ruhig werden und uns auch nicht mit uns selbst beschäftigen.

Vieles wird uns bewusst, wenn wir Dinge annehmen – also akzeptieren – und damit loslassen können. Diese Prozesse bringen uns Frieden und Ruhe und mehr Gelassenheit.

Ausgeglichen:
- Spiritualität
- ganzheitliches Leben
- Vollendung
- höchste Erkenntnis durch direkte innere Schau
- universelles Bewusstsein
- Einfühlungsvermögen
- Einheitsbewusstsein
- Beschränkungen des menschlichen Intellekts sind überwunden

Unausgeglichen:
- Gefühl des Abgetrenntseins von der Fülle
- Angst vor dem Tod
- Bedeutungs-/Sinnlosigkeit des Lebens
- Orientierungslosigkeit

Wenn die Aura Hilfe braucht – Schutz und Stärkung

Wer die Aura sieht, wird irgendwann an den Punkt kommen, an dem er Heilarbeit leisten möchte, um die Aura zu heilen und dem Klienten oder sich selbst Unterstützung zukommen zu lassen. Ich werde immer wieder gefragt, was ich empfehle. Im Grunde ist die Antwort sehr einfach – getreu dem Motto: "Alles Große ist einfach!" Tun Sie etwas, das Ihnen Freude bereitet! Empfehlen Sie Ihrem Klienten, etwas zu tun, was ihm Freude macht! Keine Angst, ich gehe gerne etwas näher darauf ein, warum ich das sage, und versuche, es Ihnen zu erklären ...

Autoren wie Rüdiger Dahlke oder Louise Hay geben uns die Möglichkeit, uns mit der Annahme anzufreunden, dass geistig-seelische Gründe für unser körperliches Unwohlsein verantwortlich sind.

Haben wir also eine geistige Blockade, kann sich diese körperlich zeigen. Nehmen wir an, Sie sehen einen Menschen, der mit hängenden Schultern und hängendem Kopf vor Ihnen steht. Sie spüren sofort, dass es ihm nicht gut geht. Ein Mensch, der vor Energie und Selbstvertrauen sprüht, läuft aufrecht, schaut Ihnen direkt in die Augen. Jemandem, der gebeugt, fast demütig vor einem steht, ordnen wir viel eher Kummer, Leid, gebrochenes Vertrauen zu – also ganz andere Eigenschaften.

Heilarbeit oder Energiearbeit – egal welcher Art – hat immer einen Einfluss auf die Energiekörper. Gefühle und Emotionen sitzen im Emotionalkörper, innere Bilder im Mentalkörper. Wenn ich es mit einer Arbeitsweise schaffe, innere Bilder in einem Menschen zu ändern oder negative Gefühle bei ihm zu neutralisieren und sogar durch positive Gefühle zu ersetzen, verändere ich den Energiekörper. So kann ich an Energie gewinnen, wenn ich an etwas Freudiges denke, und die Energie schwächen, wenn ich an etwas Trauriges denke. Wenn mir Zuwendung guttut oder ich durch eine Heilmethode wie Handauflegen dem Ätherkörper Energie zuführe, verändert sich das Energieniveau. Bewusstseinszustände wie

Frieden, Freude, Liebe, Akzeptanz, Bereitwilligkeit und Mut erhöhen unsere Energie. Dagegen wird sie durch Stolz in Form von Verachtung, durch Wut, Angst, Kummer, Schuld- und Schamgefühle geschwächt. Genauso gilt: Wenn jemand in der Aura eines anderen etwas tut, das ihm Angst macht, wird die Wirkungsweise zu wünschen übrig lassen. Wenn es jedoch Freude und Interesse weckt, wenn sich derjenige wirklich hingeben und darauf einlassen kann, wird es eher Wirkung zeigen.

Ich werde auch immer wieder gefragt, wie ich meine Aura schütze. Zunächst einmal: Wenn ich mich schützen will, dann habe ich Angst! Angst vor Angriffen, vor Übergriffen, vor Energieverlust. Aber die Angst **ist** der Energieverlust! Diese Angst schwächt meine Aura, die mein eigentliches Schutzschild ist. Ständig höre ich dann Argumentationen wie: "Der zieht mir Energie ab!" Oder: "Der raubt mir Energie!" Sicher, wenn ich im Umgang mit jemandem Konflikte erlebe, weil er nicht auf meiner Wellenlänge ist, kann dies beispielsweise Wut in mir hochholen oder auch die unbewusste Angst vor Kontrollverlust oder was auch immer es sein mag. Dann erzeuge ich in mir die schwächenden

Energien. Oder ich kann mich nicht gut abgrenzen und erlebe, wie mich immer wieder jemand belagert und etwas von mir will. Das kann schnell innerlich Wut erzeugen, und man denkt, weil man von sich ausgeht, dass der andere keinen Respekt vor meiner Zeit hat oder einfach nicht merkt, dass er einem auf die Nerven geht. Letztendlich bin ich es aber selbst, der dafür verantwortlich ist, Grenzen zu setzen, ohne Schuldgefühle zu haben.

Ich hoffe, dass die meisten von Ihnen schon einmal erlebt haben, wie es ist, im Freudentaumel zu sein. Frisch verliebt oder überglücklich. Das sind die Momente, in denen sich die ganze Welt um uns zu drehen scheint. Wir sind nicht angreifbar. Unsere Aura strahlt, wir sind in der Freude und Liebe und fühlen uns voller Energie. Selbst wenn uns jemand kurz Energie abziehen würde, wäre es kein Fallstrick für uns, da wir sofort an der Tankstelle der Freude hängen und nachtanken. Wenn Ihnen Aura-Stärkungstechniken Spaß machen, weil Sie einfach erleben möchten, wie es sich anfühlt, wenn die Aura auftankt, dann nehmen Sie etwas, das Ihnen Freude macht. Im Grunde eignet sich jede Mentaltechnik dazu, sofern Sie sich von ihr angesprochen fühlen.

So haben Schüler berichtet, dass Sie sich goldenes Licht oder violettes Licht in der Aura vorstellen und sich sofort gereinigt und gestärkt fühlen. Andere visualisieren, wie ihre Chakren anfangen zu leuchten, und fühlen sich sofort energiegeladener. Auch Musik ist Schwingung und Energie. Das Hören eines Lieblingsliedes, das Betrachten eines geliebten Gegenstandes, die Zuwendung eines Tieres – all das kann die Aura stärken. Wir wissen um die Kraft der Worte. Liebe Worte tun uns gut, Beleidigungen machen uns traurig, wenn wir damit in Resonanz gehen. Ihrer Phantasie sind hier keine Grenzen gesetzt. Wichtig ist nur, dass Sie sich in den stärkenden Bewusstseinszuständen befinden. Auch wenn ich Ihnen an dieser Stelle keine wissenschaftliche Grundlage dafür benennen kann, ich denke, dass genau auf dieser Basis Placebos funktionieren – die Akzeptanz eines vermeintlich helfenden Mittels, die Hingabe und die Bereitwilligkeit erhöhen die Energie und zeigen Wirkung.

Wenn wir die Aura stärken, laden wir unsere Lebensenergie-Batterie auf. Das kann auch ein gutes Essen, Sport oder Entspannung sein. Sie sollten sich also selbst die Frage stellen, welche Tätigkeit

Sie auffüllt oder erfüllt. Selbst ohne dieses Wissen haben Sie in der Vergangenheit demnach schon oft unbewusst Ihre Batterien aufgeladen beziehungsweise Ihre Aura gestärkt. Ganz ohne Anstrengung! Das ist das Ziel! Denn jede Anstrengung zieht Energie ab!

Sie haben – Frauen ganz besonders – sicher schon Tage erlebt, an denen Sie in Ihrem Kleiderschrank einfach nichts finden, das Ihrer Gemütsverfassung zu entsprechen scheint. Auf einmal stört der grüne Pullover, und auf einmal entdeckt man eine Farbe für sich, die man vorher nie getragen hat. Wir verändern uns. Hören Sie auf diese Empfindungen. Sie sind in diesem Buch ja schon oft mit dem Thema Farbe konfrontiert worden und wissen, dass Farben auf uns Einfluss nehmen. Und: Auch mit der passenden Kleidung können Sie Ihre Aura unterstützen und, wenn Sie sich richtig wohl und freudig in Ihrem Outfit fühlen, auch stärken.

An dieser Stelle sollten Sie sich auch die Frage stellen, ob Sie Ihre Batterien auf Kosten anderer Menschen aufladen möchten oder ob Sie sich selbst befähigen und ganz alleine dafür verantwortlich sein wollen. Es ist hilfreich, als tägliches Training immer wieder einmal innezuhalten und zu hinterfragen, auf was man sich gerade konzentriert. Worauf richtet man seine Aufmerksamkeit? Was bedeutet einem das, was man gerade tut? Dabei geht es nur um das Hier und Jetzt. Eine Tätigkeit kann einem jahrelang viel Freude bereiten - und führt dann plötzlich nicht zu dem Ziel, das man dahinter erhofft hatte. Dann bleibt einem nur die positive Erkenntnis, dass die Handlung lange eine gute Energie erzeugt hat, auch wenn es jetzt an der Zeit ist umzudenken. Oft fühlen wir dann plötzlich Kummer und Schmerz, die Enttäuschung überwiegt. Eine große Aufgabe ist es dann für uns, wieder Glücksmomente in unser Leben zu holen, schöne Erinnerungen oder neue schöne Handlungen, um nicht im Schmerz unterzugehen. Es ist immer wieder eine Herausforderung, anhand derer man testen kann, wie weit man in seiner Reife schon fortgeschritten ist - kann man die Prüfung mittlerweile gut meistern oder noch nicht so bravourös? Manchmal glauben wir, aufgrund unseres Wissens alles im Griff zu haben, und stellen dann fest, dass wir doch wieder in ein altes Muster gerutscht sind und vor einer Herausforderung stehen. Je öfter Sie diesem täglichen Training nachgehen, desto schneller bekommen Sie ein Gefühl dafür, wie und wo Sie etwas für Ihre Stärkung tun – oder auch für einen möglichen Energieverlust.

Damit Sie auch selbst kreativ werden können, gebe ich Ihnen nachfolgend noch ein Übungsbeispiel zur Aura-Stärkung: Suchen Sie sich einen Platz, an dem Sie sich wohlfühlen. Nehmen Sie eine Haltung ein, egal ob im Sitzen oder Liegen, die Ihnen bequem erscheint. Stellen Sie sich vor, Ihr Körper und seine Aura sind ein Luftballon. Fühlen Sie, ob dieser Luft braucht oder prall ist. Vielleicht haben Sie das Gefühl, er hat am Hals eine Delle oder an einem anderen Körperteil? Beobachten Sie innerlich, ob er eine Farbe hat. Leuchtet diese Farbe? Wie ist die Luft in diesem Ballon, ist sie gut oder schlecht? Wenn Ihr Ballon Luft braucht oder eine Delle hat, stellen Sie sich vor, wie Sie angenehme, frische Luft einatmen, die Ihren Ballon aufbläst, bis Sie das Gefühl haben, er hat seine derzeit optimale Ausdehnung erreicht oder die Delle ausgeglichen. Es sollte leicht gehen, Sie sollen nichts erzwingen. Haben Sie das Gefühl, die Farbe müsste gestärkt werden?

Dann stellen Sie sich vor, wie eine warme, angenehme Dusche alles Trübe von Ihrem Ballon wäscht. Lassen Sie Ihren Ballon vor Ihrem inneren Auge leuchten. Fühlen Sie erneut in sich hinein ... Wie geht es Ihnen jetzt? Hatte sich eine Delle gezeigt, wo Sie tatsächlich Beschwerden haben? Fühlen Sie sich jetzt gestärkt? Fühlen Sie sich erfrischt?

Im Grunde arbeiten wir hier einfach mit Visualisierungstechniken, die ein Wohlgefühl in uns erzeugen sowie ein Wunschergebnis, das für uns annehmbar ist. Doch etwas in uns zu erzeugen, das Druck oder Zweifel in uns auslöst, führt nicht zum Erfolg. Wenn wir innerlich einen Widerstand haben, wenn wir nicht daran glauben, was wir da tun, ist es keine Hilfe für uns.

Abschließende Worte: Üben, üben, üben

Es ist so oft das Gleiche nach den Kursen. Wenn ich die Teilnehmer nach einiger Zeit anspreche, hatten sie noch keine Zeit, das Erlernte zu üben. Ich lege Ihnen dann immer wieder ans Herz: "Es geht nicht ohne Übung!"

So werden vielerorts und von vielen Menschen unzählige Kurse und Seminare besucht, aber es wird aus einer Fähigkeit keine Fertigkeit gemacht. Fragen Sie sich, wie wichtig Ihnen diese Fähigkeit ist und was Sie an Zeit und Energie investieren möchten, um sie zu vertiefen. Wenn Sie den Impuls hatten, es lernen zu wollen, dann geben Sie jetzt nicht auf! Ich bin selbst ein Härtefall, zumindest empfinde ich das so im Vergleich zu anderen Personen, die ebenfalls diese Fähigkeiten entwickelt haben. Aber es hat sich für mich gelohnt, und ich möchte es nicht mehr missen, wenngleich ich an manchen Tagen einfach nicht so darauf zugreifen kann wie an anderen.

Durch das Anwenden und indem wir uns darauf einlassen, vertiefen wir unsere Fähigkeiten. Ich weiß heute auch noch nicht, was noch dazukommen wird, aber ich bin neugierig und bleibe dran. Und ich würde mich freuen, wenn ich Ihnen Mut machen konnte, dass Sie es auch können – auch dann, wenn Sie sich das bisher nicht zugetraut haben.

Ich wünsche Ihnen von Herzen viel Erfolg, viele wunderbare Erfahrungen und dass Sie das Vertrauen in Ihre Fähigkeiten finden.

Farbteil

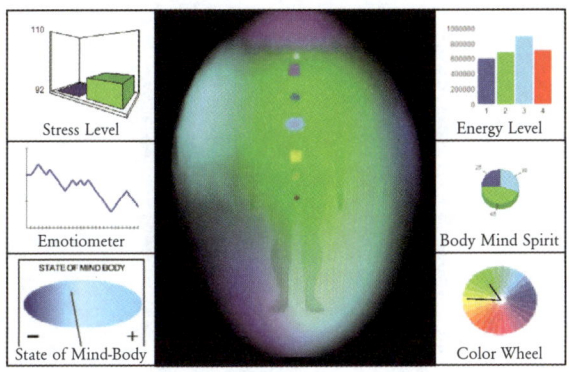

GRÜN   sozial, kommunikativ, harmonisch, ausgeglichen, natürlich

Abbildung 1

Bild einer Aurakamera

AURA FÜR EINSTEIGER

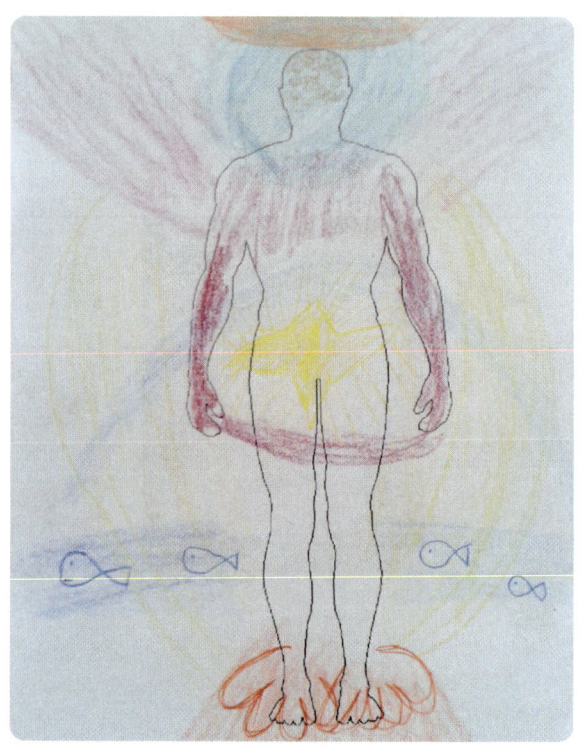

Abbildung 2

Aurabild von einem Schüler

Farbteil

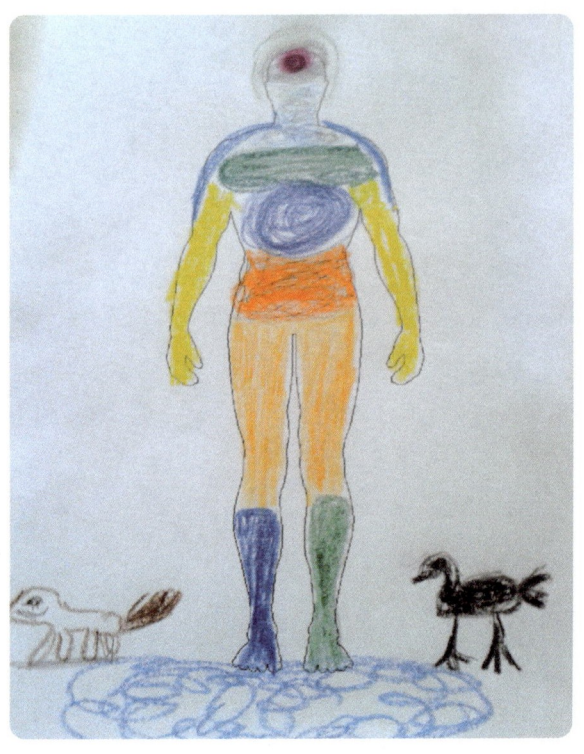

Abbildung 3

Aurabild von einem Schüler

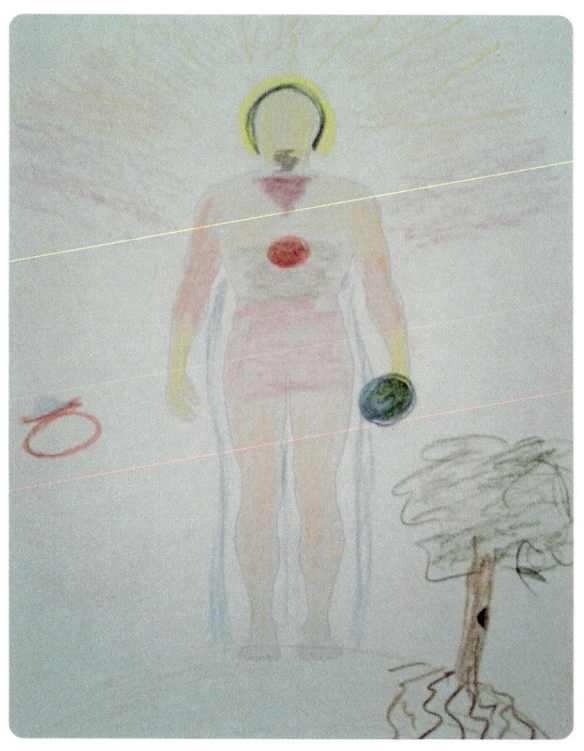

Abbildung 4

Aurabild von einem Schüler

Farbteil

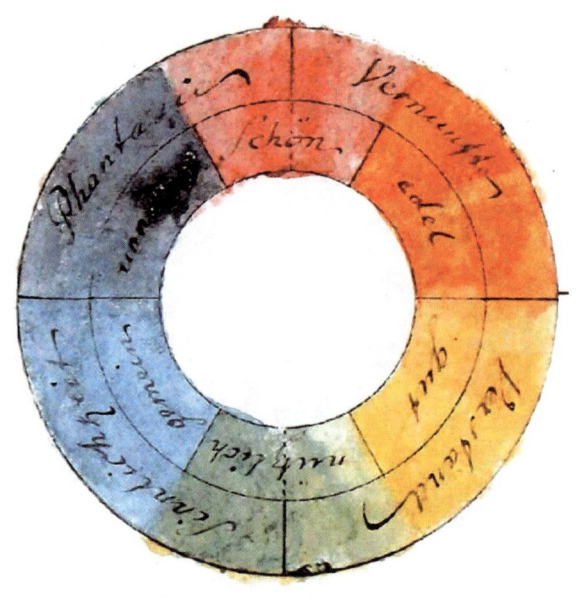

Abbildung 5

Farbkreis nach Goethe

Abbildung 6

Farbkreis nach Johannes Itten

Farbteil

Gelb

•

Abbildung 7

Schauen Sie auf die violette Schrift beziehungsweise den Punkt, und schauen Sie dann auf den Punkt auf dem freien Bild. Wenn es funktioniert hat, sehen Sie jetzt eine gelbe Schrift.

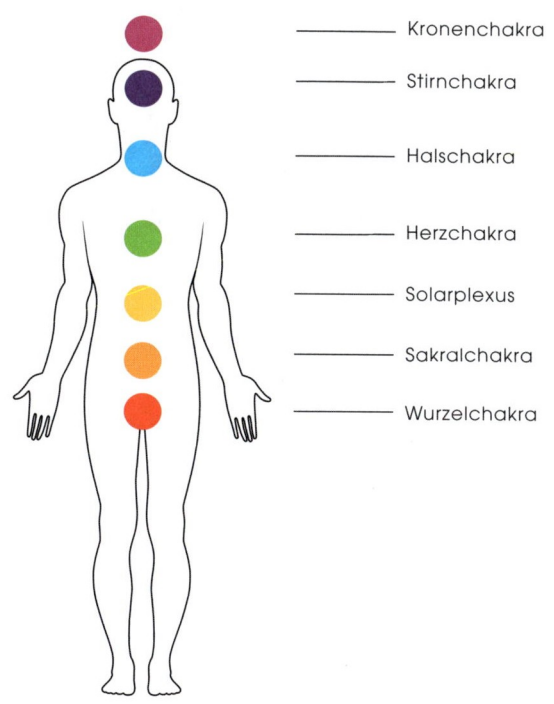

Abbildung 8

Die Chakren im menschlichen Körper

Literaturhinweise

Noch mehr Übungen:

Aura sehen kann jeder von Sabine Kühn und Dirk Seufert, Schirner Verlag 2013

Als Interpretationshilfe:

Krankheit als Symbol von Rüdiger Dahlke, C. Bertelsmann Verlag 2000

Heile deinen Körper von Louise Hay, Lüchow Verlag 1983

Krafttiere begleiten dein Leben von Jeanne Ruland, Schirner Verlag 2004

Als weiterführende oder ergänzende Literatur:

EQ – Emotionale Intelligenz von Daniel Golemann, Deutscher Taschenbuch Verlag 1995

Praktische Traumarbeit von Ulla Knoll und Sabine Kühn, Silberschnur Verlag 2013

Chakren fühlen, ausgleichen und anregen von Reinhard Stengel, Schirner Verlag 2013

Chakren. Deine sieben Energiezentren von Elizabeth Clare Prophet, Silberschur Verlag 2005

Das Chakra-Handbuch von Walter Lübeck, Windpferd Verlag 1989

Schnelle Zentrierung und Kraftgewinnung:

Jetzt sein von Sabine Kühn, Silberschnur Verlag 2014

Über die Autorin

Sabine Kühn arbeitet als Autorin, Aura-Fotografin und unterrichtet neben zahlreichen Pendeltechniken und Reiki verschiedene Selbsthilfemethoden. Wichtig ist ihr hierbei, dass die Methoden möglichst eine Hilfe zur Selbsthilfe, einfach in der Anwendung, alltagstauglich, zeiteffizient und zwanglos sind sowie Freude bringen.
www.sabinekühn.de

Weiterführende Informationen zu
Büchern, Autoren und den Aktivitäten
des Silberschnur Verlages erhalten Sie unter:
www.silberschnur.de

Natürlich können Sie uns auch gerne den
Antwort-Coupon aus dem beiliegenden
Lesezeichenflyer zusenden.

Ihr Interesse wird belohnt!

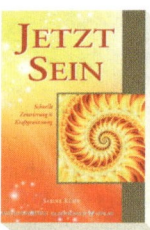

120 Seiten, broschiert
ISBN 978-3-89845-426-1
€ [D] 6,95

Sabine Kühn
Jetzt sein!
Schnelle Zentrierung & Kraftgewinnung

Es gibt Zeiten, in denen nichts so läuft, wie man es sich vorstellt, und in denen man unglaublich unter Druck steht. Man ist gestresst, hektisch und man ist alles andere als zentriert. Fast jeder kennt diese Situationen – doch wie dagegensteuern? Sabine Kühn hat eine Lösung gefunden, die Sie auf einen Pfad führt, der Sie um den drohenden Burn-out leitet. Etwas Einfaches. Etwas Schnelles. Damit kehrt die Struktur wieder in Ihr Leben zurück, ebenso der klare Kopf, der es Ihnen ermöglicht, die Ursachen des Stresses zu erkennen und ihn leichter abzubauen. Die Kraft des "JETZT SEIN" hilft Ihnen, sich zu zentrieren, um wieder Kraft, Ruhe und Gelassenheit zu finden. Mit vielen praktischen Übungen.

272 Seiten, broschiert
ISBN 978-3-89845-107-9
€ [D] 6,95

Elizabeth Clare Prophet & Patricia R. Spadaro
Chakren – Deine sieben Energiezentren

Dieses Buch vermittelt – basierend auf der Lehre vom feinstofflichen Energiesystem unseres Körpers – kraftvolle Einsichten und Werkzeuge, um wieder heil und ganz zu werden. Quelle dieses Wissens sind verschiedenste spirituelle Traditionen, die uns anleiten, wie wir unsere Seele über die sieben Schritte des persönlichen Wachstums voranbringen können. Dieses Werk beinhaltet darüber hinaus ganzheitliche Techniken zur Wiederherstellung der energetischen Balance unseres Körpers – angefangen bei Homöopathie über Vitamine und Heilbäder bis hin zur Arbeit mit Meditationen, Affirmationen und Visualisierungen.

120 Seiten, broschiert
ISBN 978-3-89845-435-3
€ [D] 12,95

Corinna Thiel

Die weibliche Urkraft wiedererwecken

Dieses Buch begleitet Frauen, die sich auf den Weg der eigenverantwortlichen Entwicklung gemacht haben, die Änderungen in ihrem Leben und Alltag vollziehen möchten, um sich ein glücklicheres, erfüllteres Dasein zu schaffen.
Um diese Frauen zu stärken, hat Corinna Thiel die Botschaften weiblicher Göttinnen und weiblicher Engelenergien empfangen – Botschaften, die tiefe Wahrheiten des weiblichen Seins an die Oberfläche bringen, um gehört, beachtet und gelebt zu werden. Mithilfe dieser Energien finden Sie zu Ihrer eigenen weiblichen Kraft zurück, liebevoll gefördert und angeleitet durch die Hüterinnen des ursprünglichen Wissens einer jeden Frau.

160 Seiten, broschiert
ISBN 978-3-89845-361-5
€ [D] 12,90

Otto Höpfner

Einhandrute und Pyramidenenergie
Ein praktischer Ratgeber

Zahllose Strahlungen und Felder beeinflussen unser Wohlbefinden.
Dieser Ratgeber zeigt anhand von praktischen Beispielen, wie auch der Laie krankmachende Strahlen erfassen und durch die Pyramidenenergie verbessern kann. Er führt uns auf neue Wege zum Schutz unserer Gesundheit, egal, ob es sich um die Verträglichkeit von Nahrungsmitteln und Medikamenten, Störzonen am Schlafplatz oder andere krank machende Störfaktoren handelt.
Eine faszinierende Fundgrube für Gesundheitsbewusste!